U0910220

新文科建设年度发展报告(2020)

全国新文科教育研究中心　编

山东大学出版社
·济南·

图书在版编目(CIP)数据

新文科建设年度发展报告. 2020/全国新文科教育研究中心编. —济南：山东大学出版社，2021. 3
(2021. 5 重印)
ISBN 978-7-5607-6718-5

Ⅰ. ①新… Ⅱ. ①全… Ⅲ. ①高等学校－文科(教育)－课程建设－研究报告 Ⅳ. ①G642. 4

中国版本图书馆 CIP 数据核字(2020)第 180990 号

责任编辑 傅 侃
封面设计 午 云

出版发行 山东大学出版社
社 址 山东省济南市山大南路 20 号
邮政编码 250100
发行热线 (0531)88363008
经 销 新华书店
印 刷 山东新华印务有限公司
规 格 720 毫米×1000 毫米 1/16
13. 25 印张 彩插 8 230 千字
版 次 2021 年 3 月第 1 版
印 次 2021 年 5 月第 2 次印刷
定 价 68. 90 元

《新文科建设年度发展报告(2020)》
编委会

前言

习近平总书记在哲学社会科学工作座谈会上指出，哲学社会科学是人们认识世界、改造世界的重要工具，是推动历史发展和社会进步的重要力量，其发展水平反映了一个民族的思维能力、精神品格、文明素质，体现了一个国家的综合国力和国际竞争力。为落实总书记的指示精神，教育部提出大力发展新文科，构建以育人育才为中心的哲学社会科学发展新格局，加快培养新时代文科人才，全面提升国家文化软实力。2020 年 11 月 3 日，新文科建设工作会议在山东大学召开，发布《新文科建设宣言》，对新文科建设作出了全面部署，推动高等文科教育创新发展。

所谓“知往鉴今，以启未来”，在推动新文科建设快速发展的时代背景下，全国新文科教育研究中心汇集了 2020 年新文科建设工作会议中教育部高等教育司司长吴岩和山东大学校长樊丽明的主题报告以及与会专家和知名学者的观点，形成首期《新文科年度发展报告》。报告中文章内容涉及多个学科专业，从理念到行动，分析探索新文科建设模式和发展方向。我们希望本报告能对文科领域的教育工作者、研究者以及感兴趣的读者提供有价值的参考和借鉴，对全国高校文科教育的创新发展发挥启示作用。

全国新文科教育研究中心

2020 年 12 月 31 日

目录

启航之声

专家观点

典型案例

附录

启航之声

新文科建设宣言

共识：新时代新使命要求文科教育必须加快创新发展

提升综合国力需要新文科。一个国家的发展水平，既取决于自然科学发展水平，也取决于哲学社会科学发展水平。哲学社会科学发展水平反映着一个民族的思维能力、精神品格和文明素质，关系到社会的繁荣与和谐。新时代，把握中华民族伟大复兴的战略全局，提升国家文化软实力，促进文化大繁荣，增强国家综合国力，新文科建设责无旁贷。

坚定文化自信需要新文科。文化自信是实现中华民族伟大复兴的精神力量。核心价值观是文化最深层次的要素，文化自信在根本上取决于核心价值观的生命力、凝聚力、引领力。围绕举旗帜、聚民心、育新人、兴文化、展形象的使命任务，大力推动中华优秀传统文化创造性转化、创新性发展，培育践行社会主义核心价值观，为中华民族伟大复兴注入强大的精神动力，新文科建设大有可为。

培养时代新人需要新文科。面对世界百年未有之大变局，要在大国博弈竞争中赢得优势与主动，实现中华民族复兴大业，关键在人。高等文科教育作为培养青年人自信心、自豪感、自主性的主战场、主阵地、主渠道，坚持以文化人、以文培元，大力培养具有国际视野和国际竞争力的时代新人，新文科建设任重道远。

建设高等教育强国需要新文科。高等教育是兴国强国的“战略重器”，服务国家经济社会高质量发展，根本上要求高等教育率先实现创新发展。文科占学科门类的三分之二，占专业种类和在校学生数的半壁江山。文科教育的振兴关乎高等教育的振兴，做强文科教育推动高教强国建设，加快实现教育现代化，新文科建设刻不容缓。

文科教育融合发展需要新文科。新科技和产业革命浪潮奔腾而至，社会问题日益综合化复杂化，应对新变化、解决复杂问题亟需跨学科专业的知识整合，推动融合发展是新文科建设的必然选择；进一步打破学科专业壁垒，推动文科专业之间深度融通、文科与理工农医交叉融合，融入现代信息技术赋能文科教育，实现自我的革故鼎新，新文科建设势在必行。

遵循：坚持走中国特色的文科教育发展之路

坚持尊重规律。尊重文科教育特点和人才成长规律是新文科建设高质量推进的基本前提。文科教育教学兼具价值性与学术性，强化价值引领是新文科建设内在要求。要坚持以习近平新时代中国特色社会主义思想为指导，不断提高高等文科教育的时代性、科学性和创造性。

坚持立足国情。新时代改革开放和社会主义现代化建设的伟大实践是深耕新文科的肥沃土壤。推进新文科建设，要坚持不懈挖掘新材料、发现新问题、提出新观点、构建新理论，加强对实践经验的系统总结，形成中国特色文科教育的理论体系、学科体系、教学体系，为新一轮改革开放和社会主义现代化建设服务。

坚持守正创新。在传承中创新是文科教育创新发展的必然要求。丢弃传统，就是自断根基；不求创新，必然走向枯竭。新文科建设既要固本正源，又要精于求变，要立足两个大局，不断从中华优秀传统文化中汲取力量，主动适应并借力现代信息技术手段，实现文科教育高质量高水平发展。

坚持分类推进。文科门类众多、特色各异的特点决定了新文科建设必须分类推进。要根据各自学科专业特点，结合行业领域特定问题，促进八大学科门类特色发展，实现文史哲促人修身铸魂、经管法助力治国理政、教育学培元育才、艺术学美人化人。

任务：构建世界水平、中国特色的文科人才培养体系

明确总体目标。推动文科教育创新发展，构建以育人、育才为中心的哲学社会科学发展新格局，建立健全学生、学术、学科一体的综合发展体系，推动形成哲学社会科学中国学派，创造光耀时代、光耀世界的中华文化，不断增强自信心、自豪感、自主性，提升影响力、感召力、塑造力。

强化价值引领。牢牢把握文科教育的价值导向性，坚持立德树人，全面推进高校课程思政建设，推动习近平新时代中国特色社会主义思想进教材、进课堂、进头脑，提高学生思想觉悟、道德水准、文明素养，培养担当民族复兴大任的新时代文

科人才。

促进专业优化。紧扣国家软实力建设和文化繁荣发展新需求，紧跟新一轮科技革命和产业变革新趋势，积极推动人工智能、大数据等现代信息技术与文科专业深入融合，积极发展文科类新兴专业，推动原有文科专业改造升级，实现文科与理工农医的深度交叉融合，打造文科“金专”，不断优化文科专业结构，引领带动文科专业建设整体水平提升。

夯实课程体系。紧紧抓住课程这一最基础、最关键的要素，持续推动教育教学内容更新，将中国特色社会主义建设的最新理论成果和实践经验引入课堂、写入教材，转化为优质教学资源；鼓励支持高校开设跨学科跨专业新兴交叉课程、实践教学课程，培养学生的跨领域知识融通能力和实践能力。

推动模式创新。以培养未来社会科学家为目标，建设一批文科基础学科拔尖人才培养高地；聚焦应用型文科人才培养，开展法学、新闻、经济、艺术等系列大讲堂，促进学界业界优势互补；聚焦国家新一轮对外开放战略和“一带一路”建设，加大涉外人才培养，加强高校与实务部门、国内与国外“双协同”，完善全链条育人机制。

打造质量文化。坚持学生中心、坚持产出导向、坚持持续改进，构建中国特色的文科教育质量保障体系，建设文科特色质量文化；建立健全以大数据为基础的文科教育质量常态监测体系，实施文科专业认证，强化高校质量保障主体意识，促进文科人才培养能力持续提升。

中国高等文科教育为弘扬中国精神、凝聚中国力量、践行中国道路，为托起国家富强、民族复兴、人民幸福的中国梦而坚定前行。

积势蓄势谋势　识变应变求变

吴　岩*

高等教育是兴国强国的“战略重器”，服务国家经济社会高质量发展，根本上要求高等教育率先实现创新发展。文科占学科门类的三分之二，占专业种类和在校学生数的半壁江山，文科教育的振兴关乎高等教育的振兴。高等文科教育作为培养青年人自信心、自豪感、自主性的主战场、主阵地、主渠道，应精准把握高等教育新形势，积势、蓄势、谋势，识变、应变、求变，构建以育人育才为中心的哲学社会科学发展新格局，加快培养新时代文科人才，全面提升国家文化软实力。

未来已来：把握高等教育新形势

把握高等教育新形势就是要把握时代发展大势、中国发展大势和高等教育自身发展大势。

1. 高等教育要把握时代发展大势

当今世界正处于百年未有之大变局，大国关系、国际秩序、地区安全、社会思潮、全球治理都在急剧地重塑、重构。治理赤字、信任赤字、和平赤字、发展赤字也为未来发展带来一系列挑战。政治多极化趋势不断加强，但不稳定、不确定现象和倾向日益突出，世界面临着重新陷入分裂甚至对抗的风险。2020 年全球经济预计收缩 5.2%，是第二次世界大战以来程度最深的经济衰退。文化交往速度加快、信息量增大，文化冲突与文化融合并存。习近平总书记在致第六届世界互联网大会的贺信中强调，新一轮科技革命和产业变革加速演进，人工智能、大数据、物联网等

* 吴岩，教育部高等教育司司长。

新技术新应用新业态方兴未艾。[①] 2018 年 11 月，习近平总书记在 APEC 工商领导人峰会上指出："新科技革命和产业变革的时代浪潮奔腾而至，如果我们不应变、不求变，将错失发展机遇，甚至错过整个时代。"[②] 联合国教科文组织 2015 年《反思教育：向"全球共同利益"的理念转变?》（Rethinking Education：Towards a Global Common Good?）报告强调，世界正在变化，教育也必须改变。面对世界新一轮科技革命和产业变革，面向中国经济社会发展需求，高等教育亟须积厚成势、蓄势待发、谋势而动。

2. 高等教育要把握中国发展大势

中国正处于"两个一百年"的历史交汇点，是近代以来最好的发展阶段，对高等教育提出了更高要求。党的十九届五中全会提到了高等教育四方面的内容：一是新成就，"十三五"时期高等教育进入普及化阶段；二是新目标，到 2035 年基本建成教育强国；三是新要求，"十四五"期间建设高质量教育体系；四是新动力，以推动高质量发展为主题，以改革创新为根本动力。"变"与"高质量"是党的十九届五中全会的两个关键词，而"创新"是最关键、最核心、最动人的要义。中国高等教育也唯有创新，才能以变应变，才能实现高质量发展。

3. 高等教育要把握自身发展大势

高等教育要满足新需求。习近平总书记指出："高等教育发展水平是一个国家发展水平和发展潜力的重要标志"，"我们对高等教育的需要比以往任何时候都更加迫切，对科学知识和卓越人才的渴求比以往任何时候都更加强烈"。[③] 这就要求高等教育必须做好经济硬实力、文化软实力、影响巧实力、战略锐实力的关键推动力、主要贡献者和重要发源地。

高等教育要适应新变化。经过多年发展，高等教育出现了四个方面的变化：一是地位作用，高等教育从"基础支撑"到"支撑引领并重"，成为可持续发展的最大红利和牵引动力。二是发展阶段，中国高等教育 2019 年在学总人数 4002 万，为世界第一，毛入学率达到 51. 6%，正式进入普及化阶段，开始成为多数人职业生涯的"基础教育"。STEM 毕业生人数是美国的 6～8 倍，据 QS 测算，中国高等教育体系实力（2018）全球第八、亚洲第一。三是类型结构，按国家主体功能区战略定位，从"金字塔"到"五指山"，从原先的"相对单一"到"更加合理、类型齐

---

① 参见徐隽、张意轩、余建斌、宦翔、王海林：《习近平主席致第六届互联网大会的贺信引起强烈反响》，《人民日报》2019 年 10 月 21 日。

② 习近平：《同舟共济 创造美好未来——在亚太经合组织工商领导人峰会上的主旨演讲》，《人民日报》2018 年 11 月 18 日。

③ 张烁：《习近平在全国高校思想政治工作会议上强调：把思想政治工作贯穿教育教学全过程 开创我国高等教育事业发展新局面》，《人民日报》2016 年 12 月 9 日。

全、体系完备”，多样化发展成为高等教育发展最显著的特点。四是舞台坐标格局，中国高等教育已在世界舞台、国际坐标和全球格局中谋划发展与改革，参与竞争与治理。

高等教育要把握新特征。多样化、个性化、学习化、现代化是中国高等教育迈入普及化阶段的基本特征。应包含多样化的质量标准、评价标准、发展类型、发展路径，并注重开展个性化培养，帮助每一个学生成长成人成才。因信息技术的发展，促进教育变革和创新，具备了“人人皆学、处处能学、时时可学”的学习化特征。各学校需要推动治理体系、治理能力现代化。我们要特别警惕“身子”进入普及化、“脑子”还在大众化、习惯还在精英化的问题。

高等教育要接受新考验。为实现“两个一百年”奋斗目标而努力，高等教育要提高服务能力、引领能力、治理能力，才能成为面向世界、立足当下、赢得未来的国之战略重器，以及提高国家硬实力、软实力、巧实力、锐实力的战略引擎。

高等教育要迎接新变革。2019 年 7 月，习近平总书记在深化党和国家机构改革总结会议上指出，“形势在变、任务在变、工作要求也在变，必须准确识变、科学应变、主动求变”①；并在多个场合强调世界在变、中国也在变，相应的任务、要求和方法也要审时度势作出改变。学习贯彻习近平总书记系列讲话精神，就要抢抓战略机遇，加快推进高等教育识变、应变、求变。教育部部长陈宝生同志在“不忘初心、牢记使命”主题教育党课上讲到，“除了创新，教育无路可走；除了革命，教育无路可走”，这是革命性的转型，而不是小修小补的变化。高等教育人才培养范式必须进行重大变革，才能进入新时代、赢得新时代、引领新时代。

唯变不变：迈入提高质量新时代

2018 年 8 月，中央文件提出要推动高质量发展、进一步提升教育服务能力和贡献水平，发展新工科、新农科、新医科、新文科。“新”不是“新旧”的“新”，是“创新”的“新”，是整个发展思路、标准、路径、技术方法和评价等系列新变化。“四新”建设是要提升国家的元实力——经济硬实力、文化软实力、生态成长力、全民健康力，“四新”建设是高等教育“质量革命”的战略举措，是高等教育人才培养的“中国方案”，是高等教育高质量发展的战略布局。

新工科百花齐放，日新又新。新工科即“新的工科专业、工科专业的新要求、

① 赵兵等：《习近平总书记在深化党和国家机构改革总结会议上的重要讲话引发热烈反响》，《人民日报》2019 年 7 月 8 日。

深度交叉融合再出新”。从复旦共识、天大行动到北京指南，新工科建设已经进入到 2.0 阶段，新工科建设正在从轰轰烈烈走向扎扎实实。目前 2.0 版着力推出的未来技术学院和现代产业学院要打破学科专业的壁垒，努力实现深度交叉融合再出新。

新农科高位推进，层层递进。新农科肩负服务好脱贫攻坚、乡村振兴、生态文明和美丽中国建设四大使命，坚持面向新农村、新农业、新农民、新生态，努力开改革发展新路、育卓越农林新才、树农林教育新标，为国家农业农村现代化贡献力量，为世界高等农林教育贡献中国智慧、中国方案。从安吉共识、北大仓行动到北京指南，新农科建设正在逐步深化。

新医科打破壁垒，突出融合。新医科提出“四新”，即新理念、新定位、新内涵、新医科。从治疗为主到生命全周期、健康全过程，从大民生、小学科到大国计、大民生、大学科、大专业，从培养医学生讲大医精诚，到现在要抓“五术”，即道术、仁术、学术、技术、艺术，要培养一名医学合格的大医生、好医生。新医科要统领医学教育创新，即医学的新要求，新的医学专业，医学与多学科的深度交叉融合，核心是创新发展。2020 年 6 月，医学教育专业认证工作获得世界医学联合会的认证，中国的医学教育走向世界舞台，我们取得了重要的通行证。9 月，国务院办公厅印发了《关于加快医学教育创新发展的指导意见》。

什么是新文科？新文科是文科教育的创新发展。新文科要培养知中国、爱中国、堪当民族复兴大任的新时代文科人才；培育优秀的新时代社会科学家；构建哲学社会科学中国学派；创造光耀时代、光耀世界的中华文化，这正是新文科担负的四大任务、四大使命。

“四新”建设是走进新时代的新教改，赢得新时代的新质量，领跑新时代的新体系。“四新”建设是一盘棋，交织融合，引领发展，既有共同的理念和基本遵循，也有各自的特点和发展路径。推进“四新”建设，要坚持质量为王、守正创新、分类推进。新工科、新医科、新农科为新文科提供新的命题、新的方法、新的技术、新的手段等，新文科为新工科、新医科、新农科提供方向、标准、价值判断以及未来所需要的职业综合素质。“四新”建设中，新文科很重要，推进新文科建设要注重工文结合、医文结合、农文结合，新文科建设势在必行。

主动求变：推动文科教育创新发展

推动文科教育创新发展是新时代新使命新要求的需要，必须加快构建以育人育才为中心的哲学社会科学发展新格局。

1. 新时代新使命新要求必须加快推进文科教育创新发展

社会大变革需要新文科。习近平总书记指出："这是一个需要理论而且一定能够产生理论的时代，这是一个需要思想而且一定能够产生思想的时代。"① 在这样一个大变革的时代，文科教育只有超前识变、积极应变、主动求变才能解决各类社会思潮激荡交汇的挑战，新科技革命和产业变革带来的环境、生态、伦理等方面的风险，包括个人精神信仰迷失和空缺以及因此产生的所有道德价值判断方面的危机等等，我们必须把新文科这杆大旗高高地举起。

国家软实力提升需要新文科。哲学社会科学蕴含了思想的光辉、理论的光彩和方法论的光芒，其发展水平反映了一个民族的思维能力、精神品质和文明素质，关系社会的繁荣与和谐。文科教育水平直接关系到一个国家发展的软实力和巧实力，同时也是一个国家硬实力和锐实力的重要基础支撑，所以发展新文科是国家发展的需要，特别是发展国家软实力的需要。

培养时代新人需要新文科。从人力资源 1.0 阶段的"人多力量大"，到人力资源 2.0 时代的"知识改变命运"，到现在的人力资源 3.0 时代的"少数决定多数"，社会越发展、越前进、越进步，对人文社科人才的需求越大、越多、越高，因此培养时代新人需要新文科。

文化繁荣需要新文科。文科教育是培养具有中国自信心、自豪感、自主性新时代文科人才的主战场，是产生影响力、感召力、塑造力中华文化的主阵地，是形成一个国家民族文化自觉的主渠道，因此推动新文科建设，培养新时代文科人才是大事，是天大的事，是伟大的事。

新文科建设任务艰巨、责任重大。新文科建设的特点是面广量大，在十二个学科门类中，有八大学科门类属于文科，三分天下有其二；文科专业数量、学生数占整个高等教育的一半。因此文科的学科没做好，中国高等教育不能说好；文科教育没做强，中国高等教育不能说强；文科学科没创新，中国高等教育不能算创新。新文科的发展不仅影响文科本身，还要影响理工农医，甚至影响中国高等教育发展的大局。

2. 构建以育人、育才为中心的哲学社会科学发展新格局

新时代新使命新要求必须加快推进文科教育创新发展，这就要求我们务必遵循坚持走中国特色的文科教育发展之路，构建世界水平、中国特色的文科人才培养体系。

新文科建设的根本任务——培养时代新人。推动文科教育创新发展，构建以育

---

① 习近平：《在哲学社会科学工作座谈会上的讲话》，人民出版社 2016 年版，第 8 页。

人、育才为中心的哲学社会科学发展新格局，不断增强自信心、自豪感、自主性，培养中华文化的传承者、中国声音的传播者、中国理论的创新者、中国未来的开创者。

新文科建设的时代使命——提升国家形象。牢牢把握文科教育的价值导向性，坚持立德树人，通过会讲、讲懂、讲好中国故事，建立中国文化的影响力、感召力、塑造力，进而提升国家软实力，塑造国家硬形象，建设文化中国、法治中国、和谐中国、繁荣中国。

新文科建设的必由之路——坚持守正创新。没有守正，不知来路；没有创新，没有出路。守正和创新是新文科建设的必由之路。要遵循传承传统，要遵循文科教育和人才培养基本规律，传承中华优秀传统文化。新文科建设同时要在传承中创新。要推进融合创新，要与现代信息技术融合，与其他学科交叉融合，要以相近的专业集群融合，通过这样的融合守正和创新，把新文科建设推向新的高度。

新文科建设的根本要求——强化价值引领。价值引领是新文科建设的根本要求，知识性和价值性相统一是哲学社会科学的命脉。价值引领事关出思想理论、树理想信念、涵人文精神、养家国情怀，事关立德树人根本任务落实，事关建设者和接班人。所以必须立足中国国情、扎根中国大地，坚持以马克思主义为指导，坚持和发展中国特色社会主义，用习近平新时代中国特色社会主义思想铸魂育人。

新文科建设的基本方略——加强分类推进。文科建设涉及文史哲、经管法、教育学和艺术学八大学科门类，从战略上讲，文史哲是要修身铸魂，经管法是要治国理政，教育学是要培元育才，艺术学是要化人美人。要铸造中国魂、中国心、中国梦、中国情，新文科建设要注重分类推进。

新文科建设的基本举措——“三大抓手”。一是促进专业优化。专业优化要遵循自身发展小逻辑，要服从、服务于经济社会发展大逻辑，坚持需求导向、目标导向、特色导向，夯实基础学科，发展新的专业，推进学科的交叉融合，注重提升专业内涵，通过新理论、新技术、新实践打造文科“金专”，构筑新文科“四梁八柱”，不断提高教育教学的时代性、学术性和针对性。二是注重课程提质。课堂教学是文科教育教学的主渠道、主阵地。在新文科建设中必须把专业作为人才培养的基本单元，把课程培养作为人才培养的核心要素，强化价值引领、提升学术内涵、丰富形式载体、创新方法手段，建设文科“金课”，夯实文科育人主渠道主阵地；把握文科知识性和价值性的双重属性，筑牢“五爱”（爱党、爱国、爱社会主义、爱人民、爱集体）主线，围绕坚定学生理想信念这个核心，以政治认同、家国情怀、文化素养、法治意识、道德素养为重点，坚持“双融合、双提升、双促进”，全面推进高校课程思政建设。通过勘探、采掘、冶炼、加工的过程，要把课程中真善美挖掘出来、提炼出来，要把课堂变成思政与专业无缝衔接的金课，打造有情有义有温度有爱的文科课堂。三是加强模式创新。坚持遵循规律、协同育人、模式多元，培养适应新时代要求的应用型、复合型文科人才。基地是拔尖人才培养的试验田孵化器，在基础学科拔尖学生培养计划中，首次增加了哲学、经济学、汉语言文学、历史学等人文学科，通过基地“三制”（书院制、导师制、学分制）、“五育”（浸润、熏陶、养成、感染、培育）模式，培养新时代哲学社会科学家。

新文科建设的关键突破——“四大讲堂”。“四大讲堂”是人才培养体制机制改革创新的重要工程。通过中国政法实务大讲堂、中国新闻传播大讲堂、中国经济大讲堂、中国艺术大讲堂，促进文科教育与社会实务紧密结合，推动教学内容、教学发展的创新，有助于深入开展国情社情民情教育，实现学界和业界的交流融合。有助于熟悉中国国情，解决中国问题；有助于创新中国理论，指导中国实践；有助于阐述中国现象，形成中国方案。

全面推进新文科建设要绘好“施工图”，抓好“关键点”，打好“全局战”。新文科建设迫在眉睫、箭在弦上，新文科建设必须整装待发，必须起跑、必须加速跑，让中国的新文科教育能够跟新工科、新医科、新农科并驾齐驱，成为中国新时代的新教改，赢得新时代的新质量，领跑新时代的新体系！

（原载《中国高等教育》2021 年第 1 期）

凝心聚力　创新建设　开创文科教育新未来

樊丽明*

为加快构建中国特色社会主义哲学社会科学学科体系、学术体系、话语体系和人才培养体系，全面支持教育强国、文化强国建设，服务中华民族伟大复兴战略全局，教育部启动新文科建设，在2019年4月设立新文科建设工作组。近两年来，工作组会同各文科教指委、相关高校积极开展新文科建设理论研究和实践探索。

加强研究，凝聚共识，新文科建设奠定思想基础

工作组示范引领。工作组专家率先围绕新文科的新理念、新内涵、新目标、新任务等重要问题进行研究、发出声音，先后组织新文科建设研讨会、新文科建设高峰论坛、面向未来的新文科建设线上高峰论坛、新文科建设与卓越法治人才培养高峰论坛等，带动教指委和高校开展新文科建设研究探讨，组织一批研究成果公开发表。

教指委全面推进。各文科教指委积极作为，举办了一系列主题鲜明、各具特色的研讨活动，推动文科建设理念更新和目标确立。2018年，经济和管理类教指委主任委员联席会聚焦"新时代　新文科　新经管"，对新文科建设和卓越拔尖经管人才培养进行研讨部署。2019年，美术学教指委提出回应时代新需求、涵融时代新内涵的新艺科理念，财政学教指委专题研讨新文科建设的时代需求和建设重点，民族学教指委召开民族学新文科建设研讨会。2020年，戏剧与影视教指委、阿拉伯语分委员会、俄语分委员会、物流管理与工程类教指委等分别召开新文科建设背景下人才培养改革研讨会。

---

* 樊丽明，山东大学校长。

各高校积极探讨。两年来，不少高校积极行动，呈现出新文科建设研讨热度密度双提高态势。2018 年，华中科技大学召开新文科教育教学改革研讨会，中国政法大学举办“新法学、新教法：新时代创新法学教育教学方法研讨会”。2019 年，北京理工大学主办新文科建设与卓越法治人才培养高峰论坛，山东大学举办“新文科建设：从理念到行动高峰论坛”。2020 年，南开大学、南京大学、中国传媒大学、山东大学等分别召开新文科专业建设研讨会。

经过研究交流，新文科建设认识逐步深入，现已形成如下共识：（1）深化意义认识。新文科建设是提升综合国力的需要，是坚定文化自信的需要，是培养时代新人的需要，是建设教育强国的需要，是文科融合发展的需要。（2）厘清建设内涵。新文科建设要立足新时代，回应新需求，从学科导向转向需求导向，从适应服务转向超前引领，从专业分割转向交叉融合。要突破传统思维范式，以继承与创新、交叉与融合、协同与共享为途径，促进文科融合化、时代化、中国化和国际化。（3）阐明建设遵循。要坚持走中国特色文科教育发展道路，坚持“尊重规律、立足国情、守正创新、分类推进”的原则。（4）明确建设任务。明确总体目标，强化价值引领，促进专业优化，夯实课程体系，推动模式创新，打造质量文化。

知行合一，改革实践，新文科建设迈出探索步伐

新文科建设是新时代文科教育大计，贵在思想引领，重在改革实践。多所高校在新文科建设上采取新举措，迈出新步伐，初步形成了可供参考借鉴的经验。

注重顶层设计。2019 年 10 月，山东大学发布国内首个《新文科建设工作方案（2019～2021）》，明确指导思想、基本原则和建设路径，在建设新专业（方向）、新模式、新课程、新理论上发力，推动学校新文科建设进入实施阶段。

优化专业设置。一方面，部分高校纷纷探索设置新文科专业；另一方面，部分高校积极推进已有文科专业的优化改造。

创新培养模式。不少高校积极推进人才培养模式改革。例如，南开大学用“四新”目标、“四新”理念、“四向”融通、“四抓”举措推进人才培养改革；中国人民大学推出明德、明理书院，推进文理交叉人才培养。

推进课程建设。部分高校以新文科理念为指导，结合课程思政要求，推进课程改造升级。例如，中国人民大学建设 100 门面向新理论、新技术、新需求的前沿课程和交叉课程，山东大学建设一批体验式课程和新文科特色课程。

带动通识教育。部分高校积极以新文科理念带动通识教育发展。例如，北京大学以新文科理念全面推进通识教育建设，山东大学用新文科理念指导通识教育 2.0 改造，四川大学基于新文科推出文科大师领衔的系列通识核心课程，中国传媒大学通过光明影院、大讲堂、数字中国文化等项目打造人文素质建设新平台。

新建实验平台。部分高校适应新文科建设需要，打造文科研究与实践平台。例如，中国人民大学建设数字清史、数据法学、实验经济学和行为经济学等新文科主题实验室；中国传媒大学建设融媒体运行中心，推进 AI 虚拟主播和情感计算；山东财经大学建设新商科实验室等。

明确目标，大力推进，新文科建设开启崭新篇章

2020 年 11 月，全国新文科建设工作会议的召开标志着新文科建设进入了全面启动的新阶段，建设之路前景广阔而又任重道远。

明确建设目标。要充分认识“构建世界水平中国特色的文科人才培养体系”的总体目标，着力推动文科教育创新发展，构建以育人育才为中心的哲学社会科学发展新格局，建立健全学生学术学科一体的综合发展体系，推动形成哲学社会科学中国学派，不断增强民族自信心、自主性和自豪感。要在研究交流中不断深入认识目标任务，把握新文科建设改革的正确方向。

持续深化研究。要不断推进理论与实践研究，以项目实施带动改革实践，打造一批体现中国文化、中国智慧、中国经验的标志性成果，建设一批中国案例。有条件的院校可设立新文科教育教学研究中心，助推新文科研究走深走实。

促进专业优化。加快专业布局优化调整，加强文科专业现代化建设，打造一批适应时代发展需要的新文科专业和优势特色方向或微专业，形成系统的新文科专业体系。以新文科引领一流专业建设，推进文史哲经“强基计划”和“拔尖基地”建设，打造文科拔尖学生培养高地，支撑哲学社会科学中国学派建设。

着力建好课程。以“双万计划”为契机，打造一批新文科金课。抓好新文科教材建设，推进“马工程”教材建设使用，支持中国特色教材编辑出版，推动习近平新时代中国特色社会主义思想进教材、进课堂、进头脑。以新文科理念新增和提升一批通识教育课程，充分体现融合化时代性特征，彰显文科独特育人功能。扎实推进课程思政建设，牢牢把握文科教育的价值引领性，落实立德树人根本任务。

推动模式创新。各类高校可发挥各自优势，探索多样化培养模式。打破学科壁

垒，以更加广泛灵活的人文学科融合、人文社科融合及文理、文工、文医、文农交叉融合，着力培养复合型创新性人才。打破学校壁垒，以更加密切的校际合作服务学生成长成才。打破地域壁垒，以更加广泛的科教融合、产教融合和国际合作助力新型人才培养。

（原载《中国高等教育》2020 年第 24 期）

推进中国经济学学科建设和教学改革

刘 伟*

作为社会科学，经济学的教学和学科建设具有不同于一般自然科学的特殊性。经济学除去一般科学意义上的质疑和发现外，还具有历史性、阶级性、意识形态属性，因此其作为科学而存在的基础——学术范式是否存在，始终是一个不确定的问题。如何运用马克思主义政治经济学来指导中国经济学？如何总结和提炼中国经济实践的规律，把经验性特性上升为系统化的学说？如何正确认识西方经济学，借鉴其有益成分，推动中国经济学发展？这些都是需要深入探索的重大问题。

我们必须深入理解习近平新时代中国特色社会主义思想的内在逻辑。首先，习近平新时代中国特色社会主义思想回答了中国特色社会主义发展进入新时代面临的新命题，从中国特色社会主义发展实践中发现问题、剖析问题，深深地根植于中国大地，尊重中国经济发展的历史时代，把时代作为“出卷人”，把问题作为“时代的口号”。其次，习近平新时代中国特色社会主义思想坚持基本原则、基本观点、学说体系、学术范畴的统一，从实践到理论、从观点到体系、从具体到抽象，形成道理、学理、哲理的统一。这种统一集中体现在三次系统阐释中：习近平总书记2015年11月23日在十八届中央政治局第二十八次集体学习时的讲话，系统论述了中国特色社会主义政治经济学需要坚持的基本原则和应面对的基本问题①；习近平总书记2016年7月8日在经济形势专家座谈会上的讲话，从应当坚持的基本方法、应当破解的突出难题、应当承担的主要任务、应当达到的根本目标等四个方面论述了中国特色社会主义政治经济学的学说体系②；习近平总书记2020年8月24日在经济社会领域专家座谈会上的讲话，进一步阐释了中国特色社会主义政治经济学面

---

* 刘伟，中国人民大学校长。

① 参见习近平：《不断开拓当代中国马克思主义政治经济学新境界》，《求是》2020年第16期。

② 参见《习近平主持召开经济形势专家座谈会》，新华网，http://www.xinhuanet.com/politics/2016-07/08/c_1119189505.htm.

临的新问题，特别是凝练了重要的学术范畴，推进了“术语革命”①。再次，学习贯彻落实习近平新时代中国特色社会主义思想，要把握经济规律，实施发展方略。一是树立新发展理念，转变发展方式；二是以供给侧结构性改革为主线，建设现代化经济体系；三是加快构建以国内大循环为主体、国内国际双循环相互促进的新发展格局，全面塑造新竞争优势。

我们要根据习近平新时代中国特色社会主义思想的立场、观点、方法，推进中国经济学学科建设和教学改革。一是抓好教材建设，尤其是中国特色社会主义经济学教材建设。要从中国实践出发，抓住中国经济发展的本质特征，把深入分析上升为理论，形成系统性的学说和范畴，即“中国经济学”，包括中国特色社会主义政治经济学、中国宏观经济学、中国微观经济学、中国发展经济学、中国金融学、中国财政学、中国开放型经济学、中国区域经济学、新中国经济史等。二是以中国经济学为主体，构建经济学教学课程体系。在上述中国经济学各门课程基础上系统开设马克思主义经典政治经济学课程，同时科学批判、准确讲授当代西方经济学课程，系统性地提供经济学分析、技术性和工具性课程以及数学、统计、计量、人工智能和数据处理等课程，当然还包括思政、外语、艺术、体育等素质性基础课程。不同专业和类型的经济学人才培养还应当有所区别。三是改进和完善培养方式，强调深入中国实践的同时，强调基础理论训练的严格性。对理论经济学学生培养而言，尤其是对于朝着理论研究方向发展的本科生教学而言，应当注重本科与硕士、博士阶段的有机衔接，包括课程体系上的衔接、课程内容上的衔接以及培养阶段上的持续性等。比如可以考虑实行本硕博连读方式，也可以考虑探索不同专业方向的交叉学科共同培养的方式。

中国人民大学目前在经济学本科教学方面开展的具体探索主要包括“六个一”。一是建立一个中心。中宣部批准设立的“全国中国特色社会主义政治经济学研究中心”与教育部批准设立的“改革发展研究基地”合并成立研究中心，以高水平研究带动教学。二是建设一个基地。教育部委托建立了“国家经济学教材建设重点研究基地”，系统地开展教材研究编写等方面工作。三是设立一个专班。在全校大类招生和实施本科教学“强基计划”“拔尖创新人才培育资助计划”的基础上，完善拔尖人才培养体系。经济学拔尖基地在“经济学—数学拔尖人才”项目基础上，新设中国特色经济学方向并建立相应的动态考核机制，实施学业跟踪分析，在经济学院设立“中国特色经济学”方向专业班，目标是培养理论人才，实行本硕博一贯制培养。四是举办一个讲座。在经济学类专业教学指导委员会指导下，邀请全国各高

---

① 参见《习近平在经济社会领域专家座谈会上的讲话》，《人民日报》2020 年 8 月 25 日。

校教师开设“中国经济学”公开讲座。五是建设一套教材。编写“中国经济学”系列教材，同时研究编写当代西方经济学和经济思想史等教材，梳理、重建工具类和方法类教材。六是落实一个项目。以新文科建设为背景，推动卓越人才培养改革，设立应用经济学卓越人才培养项目，改革培养方案和模式，建立实验经济学与行为经济学大数据实验室。

（原载《中国高等教育》2021 年第 1 期）

新文科建设与卓越法治人才培养

徐显明*

“新文科”的概念最早由美国希莱姆大学提出。该校在美国以文科著称，全校有四十几个文科专业，因感觉到培养的人才不能适应社会的需求，所以提出了“新文科”的概念。希莱姆大学改造了几个学科，这些学科的共同特点是把文科和理科结合起来，“文理交叉”成为希莱姆大学新文科的最重要特点。

新文科的核心在于创新

新文科与传统文科相较，它的精髓和灵魂就在于创新。它应秉持新理念，适应新时代，确立新使命，赋予新内容，运用新方法。其一，在话语体系上，应把西方话语体系主导下的文科转向中国话语体系主导下的文科，也就是形成中国学派，不完成这个转变就无所谓“中国的新文科”；其二，在内容上，应把纯文科转向文理交叉的学科，要使文科的学生具有理科的思维，具有把握时代科技发展方向的能力；其三，在功能上，应适应新时代的变化，从以探讨人文社科所涉对象的规律性为主转向对社会价值观的重塑和形成国家软实力为主，为理工科甚至为国家和社会提供指导思想和价值选择；其四，在方法论上，应适应从工业文明向信息文明的转型，从运用传统的人文社科工具转向运用现代科技、信息技术、人工智能，特别是要运用好算法，将文科的定性方法与定量方法相统一，彰显新文科的科学性，推动形成数字人文。新文科将是文理打通、人文与社科打通、中西打通、知行打通、古今打通的“五通文科”。

---

* 徐显明，教育部法学类学科教学指导委员会主任委员。

新时代法学教育面临的新挑战

新文科建设中“法学”应起到引领和示范作用，这是由文科的历史所决定的。世界上第一所大学博洛尼亚大学是1088年建校，这个学校设立的第一个学科就是法学，第二个学科是医学，第三个学科是宗教。这三个学科后来形成了博洛尼亚知识体系。法学在西方人文社科当中始终被作为最高代表，医学是作为自然科学的最高代表，宗教学后来演变为哲学，也就是人文社会科学和自然科学共同使用的方法科学。这就是博洛尼亚学术传统。其后所建世界著名大学无不以法学、医学和哲学为学科基础。在博洛尼亚大学迎来建校九百周年时，世界四百多所有代表性的大学校长齐聚该校，共同发表宣言，承认博洛尼亚大学为世界大学之母，宣告继承博洛尼亚传统。由此可知，近代大学以法学学科为先，法学乃近代大学起源性学科。中国的人文学术分科实则同样是肇始于法科的独立设立。1895年北洋学堂首设法科，此时尚无文史哲经等科，北洋之后之京师大学堂、山东大学堂、山西大学堂等也都将法科单设。法学亦是中国高等教育起源性学科。新中国法学是在改造旧法学，引进苏联法学的基础上发展起来的。经过改革开放四十多年后，已形成了自己的道路、制度和理论，但进入新时代后，法学教育也面临着许多新挑战。

第一，以人民为中心的根本发展理念和以创新为引领的新发展理念对法学教育提出了更高要求。党的十九大报告指出：“人民美好生活需要日益广泛，不仅对物质文化生活提出了更高要求，而且在民主、法治、公平、正义、安全、环境等方面的要求日益增长。”[①] 这六个方面每一项都和法学、法治有关系。民主是法治的本质和基础；法治是治国理政的基本方式，社会越发展，越要靠法治；公平、正义是塑造国家和社会价值观的，人民对公平、正义的要求，正从对每一起诉讼案件中的感受转向对制度设计和执法活动的感受；人民对安全的新要求要进行广义的理解，涵盖人身安全、财产安全、社会安全和国家安全；人民对环境的要求已经变成中国新的价值观，也已成为人民群众新的基本权利。怎样满足人民在新时代提出的这些新要求，是现在法学教育首先要思考的。

第二，迈入新阶段，中国法治建设的新目标对法学教育提出了新要求。党的十九大报告和《中共中央关于制定国民经济和社会发展第十四个五年规划和二〇三五年远景目标的建议》都明确提出了与现代化国家目标相适应的法治时间表，即：到

① 习近平：《决胜全面建成小康社会　夺取新时代中国特色社会主义伟大胜利——在中国共产党第十九次全国代表大会上的报告》，人民出版社2017年版，第11页。

2035年法治国家、法治政府、法治社会基本建成；到新中国成立100年的时候，也就是2050年前后，要建成社会主义现代化强国。[①] 我们正面临着“百年未有之大变局”，我们的法治是走向大国的法治，我们的目标是建设法治中国、法治强国。大国的法治应该有大国的样子。与大国、强国的目标相适应，法学教育也要成为世界一流法学教育，这是对我们法学教育提出的新定位。我们的大国法治要对世界作出哪些原创性的制度贡献，也是我们新法学要思考的。

第三，新格局中我国法治发展的内在矛盾对法学教育提出了新要求。这里的新矛盾集中表现在国家安全方面。党的十八大以来国家安全立法发生了重大变化，我们在补齐国家安全的法治短板。过去对于国家安全领域，法学教育基本不涉及，在立法方面也一直是空白。党的十八大以来，以习近平总书记提出的总体国家安全观为指导，我们加强这方面的立法工作，先后制定了《反间谍法》《国家安全法》《境外非政府组织境内活动管理法》《反恐怖主义法》《网络安全法》《国防交通法》《生物安全法》《香港特别行政区维护国家安全法》等。像这类法律在目前我们的法学教材当中很少涉及，这是我国法治发展的内在矛盾向法学教育提出的新挑战和新要求。将来的法治还会涉及太空安全、深海安全、极地安全等，这些也应当成为法学教育的重要内容。

第四，“一带一路”建设等海外利益保护对法学教育提出的新挑战。“一带一路”建设直接涉及64个国家，参与的国家超过百个，中国的利益已经延伸到海外。据有关部门统计，我国在“一带一路”相关国家投资已超过2000亿美元，要把外部利益维护好，就要贯彻好总体国家安全观，研究“一带一路”沿线国家的法律。总体国家安全观要求处理好发展与安全、传统安全与非传统安全、国土安全与国民安全、自身安全与共同安全以及内部安全与外部安全的关系。现在“走出去”的企业都已悟出一个道理，必须实行“一国一法”“一事一策”，针对涉及的具体国家拿出相应的法律方案。但目前法学教育在这方面能够提供的智慧远远不够。西部地区的一些院校开始注意到这些问题，但是东部地区的法学教育基本很少投入研究力量。我们的国家利益延伸到哪里，维护这些利益安全的研究就要延伸到哪里，法学教育、法学研究也要跟到哪里。

第五，“地球右转”带来的新风险给法学教育带来的挑战。世界范围内保守主义、孤立主义、民粹主义正在抬头，极端主义多点爆发，给我们的法学带来了新挑

---

① 参见习近平：《决胜全面建成小康社会　夺取新时代中国特色社会主义伟大胜利——在中国共产党第十九次全国代表大会上的报告》，人民出版社2017年版，第34～35页；《中共中央关于制定国民经济和社会发展第十四个五年规划和二〇三五年远景目标的建议》，人民出版社2020年版，第10～11页。

战。世界是瞬息万变的，但法学却应当始终是理性的。我们要构建人类命运共同体，共同体必须有共同的规则、共同的价值，而极端主义、民粹主义、反智主义这些都是反理性的。我们的法学教育要在世界范围内应对反智主义对世界治理体系带来的风险。法学教育要承担起为中国参与世界规则制定提供理论支持和人才供应的特殊责任。

第六，中美关系的变化对法学教育带来的新挑战。中美博弈的本质是扼制与反扼制的斗争，是控局与变局的斗争，也是中国人民要行使发展权而美国要剥夺我们的发展权的斗争。这场斗争将具有长期性、全面性、复杂性甚至极端性的特点。斗争的焦点将越来越多地集中于规则之争与制度之争。中美贸易摩擦中，我们的应对机制、阻断机制、合规性和人才培养这四个方面都需要加强。要培养涉外型的通晓国际规则的高水平、高素质的法治人才。法学教育要有能力向国际机构源源不断地输送高级专门人才。中美贸易谈判中，美方以法律专业出身的人员为主，我方则鲜有法律专业背景的人员参与。美国运用贸易的、国家安全的、数据的三方面长臂管辖，我们法律界、法学界却拿不出阻断的措施。我们的跨国企业每当遇到诉讼时，聘请的律师都是欧美国家的，且不谈支付的高昂服务贸易费用，更严重的是可能涉及国家安全的问题，可能出现外国律师损害中国利益的情况。面对挑战，如何补齐涉外法治短板，加大涉外法学教育改革力度是关键。

第七，现代信息技术的新期待对法学教育提出了新要求。人类文明已经经历从农业文明到工业文明，现在又到第三种文明即信息文明的转型。大数据、云计算、人工智能、区块链等信息化的科技手段都对法学教育提出了新要求，法治要和这些新技术融合在一起。这意味着法学教育所使用的理论工具，不应再局限于传统文科的手段，也要学会运用现代信息技术，让学生们懂得算法，学会编程，能够从容地应对新技术带来的新挑战。

新法学建设的路径探索

面对这七个方面的新挑战，我们的法学教育怎么办？这就是新法学需要应对的。我对新法学作了这样的几个思考。

第一，生源构成要更新。过去法学专业主要招收文科学生，现在应当鼓励有条件的法学院尽可能多地招收理科生，让文理科的学生形成合理的比例。法学教育从历史形成看，它应是精英教育和职业教育的结合，生源质量是法学教育质量的基础。

第二，培养目标要更新。要把高素质、高水平、国际化作为法学教育的基本目标，尤其那些具备条件的“双一流”建设高校的法学院，应自觉承担起加大力度、加快速度推进涉外法治人才培养模式改革的主力军责任，把培养能够自由行走在国际间的法律人才作为主体责任，以满足我们走向大国的需要。

第三，培养体系要更新。课程体系、课程内容、培养模式、评价标准等都应更新，让更多的科学技术前沿知识进入课堂和教材，要让学生懂算法，会人工智能。综合性大学法学院应探索构建互联网法学、未来法学、算法法学和数字法学。

第四，师资队伍要更新。目前中国大学法学院的师资大部分都是从学校到学校的学院派教师，按照习近平总书记 2017 年在中国政法大学考察时的重要讲话要求，法学教育除了第一阵地之外，还有第二阵地，那就是法治的实务部门。法学教育要从师资中留出一定的比例，把高素质的法官检察官请到法学院，让更多既有较高的理论水平又有丰富实践经验的法官检察官成为学校的重要师资力量。

第五，培养模式要更新。实行协同育人模式。校内要协同，法学院应善于调动校内其他学科资源为新法学服务，校外要与司法机关、法律服务部门等形成协同机制，运用好法治人才培养的第二阵地、第三阵地，还应加大法学教育的国际交流合作力度，运用国际资源培养涉外法治人才。

（原载《中国高等教育》2021 年第 1 期）

新文科背景下的史学研究与人才培养

陈春声*

习近平总书记2016年在哲学社会科学工作座谈会上指出："当代中国正经历着我国历史上最为广泛而深刻的社会变革，也正在进行着人类历史上最为宏大而独特的实践创新。这种前无古人的伟大实践，必将给理论创造、学术繁荣提供强大动力和广阔空间。这是一个需要理论而且一定能够产生理论的时代，这是一个需要思想而且一定能够产生思想的时代。我们不能辜负了这个时代。"① 习近平总书记要求加快构建中国特色哲学社会科学，明确指出"产生理论"和"产生思想"是新时代的期待，也为史学工作者明确了学科建设、学术研究和人才培养工作的努力方向。②

近两年来，教育界和学术界关于新文科的讨论比较一致的看法是，在新时代倡导新文科，应该努力提高文科学术规范和学术话语中国化的程度，更加重视大数据时代多学科理论与方法的融合交叉，更加强调具有当代关怀的问题意识，致力培养适应新文科发展的新一代学术工作者等，这些期待也对新时代历史学科的发展有着重要的影响。

中国史学界正在经历"世代交替"的历史性变化，新一代史学研究者要面对更多前所未有的挑战。进入21世纪之后，对于具有"学术积累"意义的工作，已经越来越成为普通史学工作者日常研究过程的一部分。因为缺乏史料，许多传统史家认为不能研究的重要问题，在"数字人文"的背景下，变得有点"垂手而得"。因此，数字时代历史学者的功力与共享，可能更多地表现在眼界和通识方面。新一代历史学者的工作，需要有深厚学术史背景的思想建构，"出思想"与否，可能会成为新文科背景下衡量史学研究成果高低的重要尺度。

---

* 陈春声，中山大学党委书记。

① 习近平：《在哲学社会科学工作座谈会上的讲话》，人民出版社2016年版，第8页。

② 参见何秀超：《加快构建中国特色哲学社会科学体系》，《人民日报》2020年6月29日。

50 年后的历史学家研究当代中国社会史和经济史，除了当前在大学历史系专业课和专业基础课讲授的内容之外，历史学家们更需要懂得相对于他们来说古老的网络技术、古董电脑的硬盘修复技术、数码资料恢复技术等，因为需要搜集、发掘、整理、利用的资料，基本上是非纸质的，要在旧电脑、旧硬盘、旧数据库、云端等获取。在整理、利用历史资料的技艺方面，目前的基础训练也有需要改进的地方，借此之鉴对学术的发展大有好处。因为史料利用技艺的进步，在本质上预示着史学研究规范和研究价值的转变。更值得关注的是，新一代青年学生正是在数据可视化、数字仓储、文本发掘、多媒体出版、虚拟现实等所谓“数字人文”的背景下成长起来，学生的问题意识、书写或表达形式、研究规范和学术价值观，已经呈现出与当前这一代人不相同的样貌。

为此，历史学新文科建设要立足中国文化本位，拓展全球视野，善于将新技术方法融入教学与科研，不断更新面向未来世界的探索范围和教研主题，培养新时代高素质人才，构建中国话语，形成中国学派。新文科创新建设是否成功有两个标准：第一，是否有中国风格和气派；第二，有中国风格和气派的东西是不是真的在国际产生影响。历史学新文科建设要基于 20 世纪海内外学界各层面、各时期“新史学”范式革新所推进的学科发展格局，进一步孕育出以史学为基础的人文社会科学新思想、新理论、新观念，并培养出新一代具有独立思考能力和思维创造活力、高度社会责任感和世界文明史视野的高素质史学人才，形成具有中国特色的史学人才培养体系。

历史学教育的丰富内涵对大学精神的铸造也有着十分重要的意义。历史学教指委一直坚持以立德树人、探索创新知识和培养创新人才为使命，在历史学一流专业和基础拔尖人才培养基地建设过程中，提倡学生参与科研过程，学习最新学术研究成果。历史学教指委及时总结推广人才培养创新模式的实践经验，倡导各培养单位根据实际，从课程贯通、条件支撑、学术熏陶、导师引领各方面尽力打通本科与研究生教育，形成小班化、个性化和国际化的人才培养成长链，不断凝练一流水平人才培养的范式。

在一流课程建设探索中，要倡导强化经典研读和基础训练以及语言能力、写作能力的训练，并将中国史研究在研究专题、学术自觉和学术组织方式上真正与世界史打通，秉持中国史学的深厚的学术传统，关怀宽广的世界文明历程，在专业教育中引导学生探究人类历史上的制度、人群、文本、礼仪、思想和艺术，建立史学通识，在文化视野中将古今中外的历史现象通过具体个案进行联系比较，在社会实践中以扎实的专业知识、良好的理论素养和通达的应用能力，适应社会发展中对考古、文博、文化遗产保护、文化创意等专业人才的需求。

真正有价值的理论和思想，其学术影响必须是跨学科的，不能仅仅局限于某个学科、某个领域。如费孝通先生的中国乡村社会研究成果学术影响遍及欧美，又如张光直先生关于中国考古学的研究，但是他从来没有在中国大陆做田野考古工作，而是依据大陆考古学家的发掘报告所提出的理论，启发了欧美学者关于玛雅文化的考古学研究，同时也对当代文化研究、政治学研究和史学研究的学者有深刻的影响。当今对于从事史学研究和人才培养，要强调学有所本，功夫要扎实，思维要辩证，问题要明确，学术史背景的梳理要清楚，但与此同时，气魄、雄心和眼界都要更大。要不断思考历史学专业教育如何支撑人文社会科学的整体推进，通过完善历史学专业培养体系，将一流学科建设与一流专业建设相融合，夯实专业通识，激发锐气和灵气，深化实践教学改革，持续优化课程体系，全面提升学生的人文社会科学综合素养。

展望未来，在历届教指委奠定的优良传统和工作基础上，与全国文科同行一起，围绕加快建设高水平专业教育体系的目标，全面提升基础文科人才培养水平，努力发挥教指委的凝聚作用与创新能力，共同推进教指委工作迈向新台阶。

（原载《中国高等教育》2021 年第 1 期）

新文科建设的四个“新”维度

龚旗煌*

当今时代是创新驱动的时代，不仅需要科学技术的创新，也需要思想文化的引领。只有解放思想、更新观念，才能充分释放“人”这个生产力中最活跃的因素，才能深入推进体制机制改革和治理体系创新。因此，人文社会科学在创新驱动战略中具有重要的奠基作用。要有力肩负起时代使命，新文科建设必须发扬马克思主义的创新品格，重点围绕四个“新”，实现学科建设的目标、原则、方法、保障的有机统一。

目标之维：励志维新，在使命引领中坚定方向

人文社会科学关注人的自身和社会运行规律，这些都是不断发展变化的。新文科建设必须与时代脉搏同频共振，才能在融入时代潮流中获得持续发展的动力，进而引领时代进步。

在科技高度发达的今天，人类改造自然的能力显著拓展，物质条件极大丰富，但对如何完善人类自身的关注不足，“见物不见人”的趋势日益突出。特别是新冠肺炎疫情以来，国际格局的变化、社会治理的挑战、公共秩序的重构等问题，都凸显了人的价值观念、道德修养、心理健康等因素的重要性。

新文科建设要始终以立德树人为根本任务，以文化人，坚持“德才兼备、以德为先”，建立和完善符合文科教育规律、具有鲜明中国特色的人才培养体系，把引导学生树立正确的世界观、人生观、价值观作为首要课题，培养更多有情怀、有眼光、有器局、有专长的人才，推动“人的现代化”。

新文科必须及时准确回应时代之变，聚焦改革发展的突出问题，打造能够紧密

---

* 龚旗煌，北京大学常务副校长。

结合基础研究和应用研究的新型智库。思想文化领域也需要“从0到1”的突破，例如“实践是检验真理的唯一标准”就冲破了思想认识的屏障。新文科和新型智库建设要以深厚的学术积累为支撑，既要孕育更多新思想、新理论，做好源头创新，为分析现实问题建好基础理论框架。同时，要走出校园、扎根一线、深入调研，围绕党的建设、马克思主义中国化、经济结构转型升级、脱贫攻坚、基层社会治理等重大课题，提出更多接地气、真管用、见实效的对策，做有思想、有格局、有担当、有成效的大学问。

原则之维：温故知新，在文明传承中自主创新

在历史长河中，中华民族形成了伟大民族精神和优秀传统文化，这是中华民族生生不息、长盛不衰的文化基因，也是实现中华民族伟大复兴的精神力量，要结合新的实际发扬光大。

人文社会科学承载着民族文化、根植于本国土壤，新文科建设必须有文化自信，在博大精深的中华文明中传承已知、开掘新知、探索未知。我国近现代学科是在学习国际经验中发展起来的，存在传统文科“西化”色彩较浓、自主创新不足的问题。面对新形势、新任务、新挑战，新文科更应秉承“常为新”的先锋精神，担当“探路者、开拓者、攀登者”角色，站在时代前沿、引领社会思潮、回应人民期盼，一方面扎根中国大地，为中华民族伟大复兴提供学术和文化支撑，产生推动国家发展和社会进步的新知识、新思想、新理论、新方案；另一方面以天下为己任，具备世界意识、国际眼光和人类关怀，致力于思考和解决人类共同面临的重大问题。

要系统梳理和阐释中华文明谱系，考察中华文明的起源与构型，理解中华文明的发展规律，挖掘中华文化的时代价值，探索伟大复兴的实现路径，创立中华民族自己的学术体系。要挖掘中华民族精神和价值，以更开放的胸怀和更宏大的气魄，融会古今、贯通中西，在发展中国特色社会主义文化、激发全民族创新创造活力上继续发挥引领作用。

要分析和提炼中国和世界的丰厚经验，运用专业性的知识、方法和技术，在中国实践中形成中国理论，研究、阐释和解决中国经济社会发展问题。要了解世界文明的构造与变迁，探究文明之间的传播与互动，关注时代的、民族的和人类的问题，对世界多元文化有充分、深刻和包容性的理解，积极参与全球治理，为构建人类命运共同体贡献中国智慧和中国方案，对人类文明面临的根本性问题作出有价值的解答。

方法之维：融通致新，在学科交融中激活思想

当今时代的许多问题高度复杂，促进学科交叉融合，增强创新活力，已成为新文科建设的共识。其中，有三个方面值得关注。

要由学科导向转为问题导向。以问题为牵引，打破学科界限，把各学科力量凝聚到解决问题的共同目标下，搭建能凝聚、有厚度、可辐射的跨学科交流平台，构建更广泛的隐性平台和交流机制，盘活各类学术资源，汲取多种学术给养，形成优势学术集群。

要破除文科内部壁垒。长期以来，传统文科的划分越来越细，导致不同学科之间甚至学科内部产生隔阂。新文科建设要加强学科内部不同流派的互学互鉴，建强专业学科，要鼓励现有学科立足时代需求，创新研究方法，拓展研究领域，要增进人文与社科的互通互促，让人文更贴近现实，让社科更具有情怀，才能增强与其他学科交叉合作的厚重底气。比如，近年来，北京大学以“区域和国别研究”为纽带，推动文科内各方面力量的凝聚整合。

要推动人文社科与自然科学的对话。推动人文社科与自然科学交叉融合和协同创新，关注前沿科技问题及其对文科价值理念和思维方式的塑造，针对人工智能、大数据、云计算、物联网、生物伦理、全球公共健康危机等带来的挑战探索新理论、新方法、新路径，同时运用先进科研方法，推动文科研究领域的纵深拓展。目前，北京大学已集结法学、哲学等领域的一批学者，积极参与到人工智能研究领域。此外，文科的各个学科都可与医学进行交融，以形成更多新的学科增长点。

保障之维：优评促新，在良好生态中持续发展

与理工科不同，文科成果往往难以量化，显效周期比较长，较难进行直观评估。新文科还处在萌芽阶段，要有科学健全的评价体系，才能孕育学科发展的优良土壤。近日，中央印发《深化新时代教育评价改革总体方案》，做好了顶层设计，高校应结合实际抓好贯彻落实。

要推进评价改革，实施同行评议制度和学术成果代表作制度，强调质量第一，摒弃简单以刊物判断研究成果质量的做法。坚持马克思主义学科独立评审，对能够向学术界和社会上各种不当思潮主动亮剑的教师和成果予以倾斜，根据实际情况纳

入科研或社会工作成果的计算。协同政府和兄弟高校的力量探索建设高水平国内学术期刊，努力破除“洋论文”迷信。

要坚持分类评价，摒弃“一刀切”，根据不同学科、不同类型成果的特点制定相应的评价标准。对于基础类研究，强化“代表作评价”制度，注重标志性成果的贡献度和影响力，侧重评价其在推动理论创新、思想进步和文明传承等方面的贡献。对于应用类研究，应突出质量和效用导向，处理好学术性成果和智库性成果的关系，处理好独立研究成果与团队合作成果的关系，将咨政研究成果纳入评价体系，侧重评价其在服务国家战略需求、解决经济和社会发展问题上的能力。

要强化口碑评价，增加“学术声誉”权重，综合考察教师的学术道德、治学态度、个人作风等多个维度。反对浮夸浮躁、投机取巧，营造风清气正的科研环境。重视小同行评价，赋予学术共同体更大的评价权力。建立健全国内外各专业领域的学者数据库，扩充同行评审专家资源池。加强评价责任和信誉制度建设，提高评价的客观性、合理性和公正性。

（原载《中国高等教育》2021 年第 1 期）

新文科背景下艺术学科建设的思考

许　江*

日前，全国性的新文科建设工作会议召开，令所有文科人为之振奋。这是中国高等教育的大事，也是国家哲学、社会科学的时代发展的重要之事。

文史哲的养心塑魂，经管法的实务世功，教育与艺术的育人化人，各专业知识体系、格致方法、价值理念、度量尺衡、感知路径都十分不同。在全国新文科建设工作会议上，《新文科建设宣言》从三个方面做了很好的开创性工作。首先，从提升国力、坚定自信、培养新人、建设教育强国和文科融合发展等五点，全面梳理了新文科建设的时代意义与重要性，凝塑了文科宏博（核对）战线的广泛共识。其次，以“四个坚持”凝练文科建设的重要内涵，提出我国文科教育发展的特色之路。其中，尊重规律、立足国情、守正创新、分类推进是我们应当坚持的、纲领性的共同遵循。最后，围绕提升水平，强化特色，构建体系，提出共同任务和基本的着力点。《新文科建设宣言》有高度、有着力点，艺术学科应积极响应，“文”声共舞。

在新文科的文史哲经管法教艺八大门类中，艺术学是最年轻且悠久的。艺术是以可感知的艺术方式为学术载体，指向艺理兼通、心手兼通、道技兼通、地域与普世价值兼通的人文之学。它以形象的思维、身体的感受、动情的技艺、独创的语言来培养人的心智，完善人的心性，提升人的心灵。《周易》有言：“君子进德修业，忠信所以进德也，修辞立其诚，所以居业也。”① 忠信进德，修辞立诚，恰是艺术学的要义。文化自信，是更基础、更广泛、更深厚的自信。因为文艺关乎人的进德立诚，为文化树立了最普遍、最形象的根基。而文艺的内涵宏博，特征孤绝，又成为文化自信的最铭心莫忘的标志。所以，艺术学提升为学科门类，既是对人文智性方式的重视与提升，又是我国高等教育学科设置的推进与优化。

---

* 许江，中国美术学院原院长。

① 转引自林祥征：《钱锺书对〈诗经〉修辞学的拓展》，《诗经研究丛刊》2003 年第 2 期。

新时代艺术创作的蓬勃发展，艺术人才的需求提升、艺术的日常和社会作用也在日益增强、艺术教育内涵发展问题日益凸显的积极回应。一方面，当今时代艺术院校发展幅度较大且办学条件强势增强；艺术学门类五大学科的砥砺发展，对艺术教育的内涵提升、质量发展起着重要作用。另一方面，艺术学科的成果是艺术本身，而不是评叙艺术的论文，其核心是艺术语言本身，而非转译的论述语言；同时，招生工作也持续地面临极大挑战等。艺术学作为一种门类，对于这些长期困扰艺术教育难以破解的问题，提供了可靠的系统平台。

2016年10月，中国艺术教育研究院成立，全国54位艺术类高校的负责人与学科评议组专家聚集杭州，共同探讨中国艺术学科独立为学科门类之后的建设策略与路径，形成《中国艺术学科建设“杭州共识”》。近几年，广大艺术院校积极投入“双一流”与“双万”建设，牢牢把握文科教育的价值导向，优化艺科专业结构，并从艺术学科自身的优势与特性出发，研究中国艺术学科的创生机制与动力机制，探索中国艺术教育的社会能量与未来发展，推动艺术教育转型创新。

《新文科建设宣言》为艺术学科的发展提供了重要提示。艺术学科是关于人类艺术传承与拓新的重要领域。它凝练着一国一族的文化历史的辉煌，深植着一个时代的价值观念及其高度，因此，艺术学科的教育必然葆有地缘的深刻烙印。它既有普世价值的尺衡，更珍存着文化脉络的原创的人文根基及其自家规尺，珍存其深植着的衣食日用、住行赏玩的生活世界及其生存之道。因此，探索和建构中国艺术教育发展的自主之路尤为重要，要立自家的根源而“已然而然”。如是自主，应强调传统自省的中国经验、创新自强的中国力量、诗性自觉的中国意蕴、开放自信的中国姿态，深耕中国社会大地，深植东方精神根源，既要固本正源，又要守正创新。新文科的广阔背景、深厚底蕴为这条自主之路提供了重要基石。

艺术学科是人类艺术语言及其精神之道的研究、创造与教育的领域，必当以艺术语言的研究和开发为重要任务。语言的承传关系到文化命脉的承传，语言的品质代表了文化精神的品质。“修辞立其诚”，语言的问题也是人的诚心诚意的问题。艺术教育，必要怀抱理想、聚焦宗旨、坚守自信，牢牢把握先进文化思想，持续地根植于深化中国艺术的根源，批判性地面对技术理性，坚定履行教育与文化的双重的灵魂工程使命，保持国际视野与本土关怀的双轮驱动，锤炼中国理念、世界认同的艺术话语体系。要牢牢抓住语言研究的“牛鼻子”，深入基础语言、专业语言、创作语言的研究，夯实课程体系，打造文科“金专”，推动模式创新，构建中国风格、世界一流的艺术学科体系。

着眼艺术与科技、与理工医农等多学科融通，全面打造艺科新格局。今天，在国家产业结构提升、新产业迅疾发展的大格局推动下，艺术教育孕育着巨大变迁，一个面向自主、面向融合、面向社会、面向未来的新格局正在凝神聚会、应运而生。面向自主：中国艺术教育自主体系的建构；面向融合：全方位重视艺文、艺科融合；面向社会：深耕社会大地，认知时代命题；面向未来：教育的品质谋定未来的人才品质。艺术教育应以脚踏实地的改革方案推动模式创新，加强艺科内部和文科内部的高质量融通，加强与理工医农多学科的全面融通，全力打造艺术学科新专业、新格局。以艺术理论与历史为头脑，以中国传统的根源思想为心脏，以丰富的专业为四肢，以强大的融通机制为躯干，通体联动，协和感心，铸炼艺术教育学科的合理布局和有力运行。

文科让受教育者了解自己的思想和历史、情感和价值，并对人的智性和缔造智性的动力神往不止。新文科以创新之力整合和推进这种神往，以期达到化育人性的新高度。在《新文科建设宣言》的基本思想推动下，艺术教育应当守正传承，开拓创新，为构建艺科中国学派、弘扬中华优秀传统文化作出贡献。

（原载《中国高等教育》2021 年第 1 期）

探索“文理工艺”交叉融合的新文科建设范式

廖祥忠*

当今世界，随着互联网、人工智能、大数据、新能源、新材料等技术在社会多个层面的广泛渗透，科学、艺术与人文之间不断呈现出集成创新、融合发展的交叉化发展态势，人文学科正以新的视角，动态吸纳与整合着社会文化、科学技术与日常生活，展现出了全方位开放的胸襟与姿态，学科之间的边界日益模糊。这一变化已经引发高等教育学科生态体系的深刻变革，“交叉学科”所带动的多学科集成创新正在驱动高等教育不断进行自身改革。近些年，不断涌现的具有典型文、理、工、艺交叉属性的“数据新闻”“大数据与智能媒体”“数字媒体艺术”“动画艺术”“游戏设计”等专业正呈现出典型的新文科专业特性，推动着学科知识之间、科学和技术之间、技术与艺术之间、自然科学和人文社会科学之间深度融合，并不断为社会新文化、新业态、新思想提供了创新源泉与动力。当前，新科技和产业革命浪潮奔腾而至，社会问题日益综合化、复杂化，应对新变化、解决复杂问题亟须跨学科专业的知识整合，推动融合发展是新文科建设的必然选择，新文科正不断彰显出强劲的专业力量与育人成效。

新文科建设的内涵与战略意义

从战略层面来看，新文科建设是党和国家面对世界“百年未有之大变局”，推动新时代经济社会高质量发展对教育领域提出的新思路和新要求。从技术层面来看，以信息技术为代表的新一轮科技革命奔涌而来，在重塑全球生产与生活方式的同时，也全面嵌入人文社科领域。新文科是我们面对这些新领域、新问题而提出的新专业和新内容，是新技术、新平台所带来的新思维与新方法，是新行业、新岗位

---

* 廖祥忠，中国传媒大学党委书记、校长。

对新人才的强烈召唤。

哲学社会科学发展水平反映着一个民族的思维能力、精神品格和文明素质，关系到社会的繁荣与和谐。新时代，把握中华民族伟大复兴的战略全局，提升国家文化软实力，促进文化大繁荣，增强国家综合国力，新文科建设责无旁贷。文科教育的振兴关乎我国高等教育的振兴，建设高等教育强国需要新文科。面向未来，新文科体系的构建不应局限于西方学科话语与知识框架，也不应是静态化的“坚守”，而应与时俱进，勇于回应全球化时期各种异质文明与文化思潮的挑战，在“不忘本来”的基础上“吸收外来”，建构面向未来、面向国际，具有中国气度的新文科建设范式。着力培育复合型人才是教育发展的方向，符合信息时代的人才培养规律。教育部以敏锐的眼光，恰逢其时地启动新文科建设，是回应时代发展的强音，必将为中华民族伟大复兴注入强大的精神动力。

新文科建设的本质特征与任务目标

新文科不仅是学科形式之新，更是思维理念之新，需要用互联网思维将“新”理念落实在专业建设的各个方面。对于新文科特别是新闻传播学科而言，其更深层次的变革在于技术对思维层面的冲击与改变，融合驱动与交叉创新是其本质特征，专业边界正日益模糊，重大社会创新将会更多出现在交叉学科领域。借助互联网、智能媒体与大数据等技术，人们可以轻易获得海量、实时、连续的社会数据，人文社科研究将突破以往只能依赖抽样调查、焦点小组访谈等传统社会科学研究方法的限制，自然科学、工程技术、计算思维等跨界理念与方法正逐渐渗入文科专业，成为新的思维范式，我们必须借助互联网思维将“跨”字和“新”字落到实处。

新文科不是生硬的跨专业叠加，而是面向未来社会的认知重启与专业生态重构。科学技术的飞速发展正不断改变着当代人类的心智模式与认知结构，新文科的本质内涵是当代人对新科技、新媒介所引发的社会新现象、新问题和新变化的一次认知重启，是为了进一步理解当下社会并把握人类发展趋势所进行的跨界思考与专业生态重构。

新文科特别是新闻传播学科需要高度关注网络虚拟社会与二次元文化等当代社会文化新阵地。随着互联网与智能媒体的普及，虚拟网络空间与二次元文化业已成为孕育、承载、传播当代文化符号与新文化样态的核心场域，并在其中激荡起多种文化样态、思维方式以及行为范式，因此，用传统的社会理论已难以充分认知和指导虚拟网络社会中的新生态与新规律。新文科建设中的一个重要任务就是研究基于虚拟网络空间与二次元世界的社会文化变迁与重构，努力在这个崭新的文化空间里建立起新的思想、价值和理论体系。

探索“人文为体、科技为用、艺术为法”的新文科建设范式

中国传媒大学从2005年就开始探索“人文为体、科技为用、艺术为法”的跨学科专业培养模式。其中“人文”部分涵盖文明通识、中华文化与人文精神等，“科技”部分涵盖三维动画、人机交互、虚拟仿真、大数据等，“艺术”部分涵盖美学、视觉传达、交互设计与影像表达等。在此基础上，学校以“面向业界、面向国际、面向未来”为宗旨，通过组建跨学科师资团队、艺术与技术师资联合授课、搭建跨学科课程体系、招收“文—理—艺”跨学科生源等方式，构建起不同学科思维与专业知识相互碰撞、相互激发、相互协作的跨学科生态体系，并逐渐形成了“跨媒体、科学与艺术相融合”的整体特色与优势。

在“文—工—艺”小综合的专业建设背景下，中国传媒大学培养出了一批具有国际专业水准的中国新生代动画人，《大圣归来》《白蛇：缘起》《哪吒之魔童降世》《罗小黑战记》等一系列标志着中国动画电影强势崛起的动画大片纷至沓来，这些作品都和中国传媒大学紧密相关。2020年国庆档上映的动画电影《姜子牙》，以其精美的画面成为中国动画新学院派的代表作，引发了全国的关注。该片的核心主创人员均为中国传媒大学师生。这部融汇了科技、艺术、人文思想与中国文化的三维动画作品，生动反映出动画行业的内在基因正不断突破其固有艺术圈范畴，它不断整合融入CG技术、大数据、动态捕捉、虚拟仿真、虚拟拍摄、人工智能等前沿科技，以及工程学、设计学、管理学、心理学、统计学、经济学等跨学科知识。当前，由戏剧影视学等单一学科培养的传统动画专业人才已难以适应当代动画行业发展趋势，动画行业的生态进化正不断召唤着具有跨学科综合素养的新文科动画人才出现。

新闻传播学专业融合数字技术，建设了数据新闻、大数据与智能媒体、国际新闻与传播等新兴专业方向，开设了“无人机拍摄”“数据挖掘”“数据可视化”等前沿课程，为我国传媒行业输送了大批优秀的复合型传媒人才。“文理工艺”间的交叉融合对于社会发展所带来的不仅仅是物理式的效能提升，更会产生化学式的反应与能量变化。

中国传媒大学在66年的办学实践中，始终把交叉学科及专业设置作为学校发展的特色优势和核心要素，形成了以“文、工、艺”为主体，“管、经、法、理”

多专业融合发展的“小综合”育人特色，构建了多领域交叉互融、特色鲜明的人才培养体系。面对党和国家的新要求、教育部的殷切期望，中国传媒大学积极实践，不断拓展信息时代新文科建设的内涵和外延。学校以“媒体融合与传播国家重点实验室”为抓手，构建信息科技与信息传播融合发展的理论体系，推动新文科建设走出新路；以“四个一批”专业建设为着力点，优化专业布局，推进专业设置向智能传媒教育转型；依托通识教育中心，建立跨专业、跨学科、跨学院的协同育人机制，探索跨学科拔尖人才培养办法；通过举办“面向未来的新文科建设线上高端论坛”等活动，深入探讨新文科建设的重大理论和实践问题。此外，学校正在尝试建立学院联动的“联合双学位”人才培养模式，大力发展计算传播学、计算广告学等交叉学科专业。

（原载《中国高等教育》2020 年第 24 期）

当代中国的哲学教育：如何使我们为人类作出更大贡献的能力强起来

童世骏　潘斌*

2020年，我们将完成全面建成小康社会的历史任务，明年我们将站在中华民族伟大复兴第一个百年的历史节点。在这样的时刻，中国高校哲学学科的一大使命，是通过研究和教学，使我们为人类作出更大贡献的能力强起来。

为人类作出更大贡献的起点是把自己的事情办好。把自己事情办好的前提是始终保持改造世界和改造自己的主动精神。中国共产党最重要的历史功绩，就是通过其指导思想的传播、发展和实践，使中国人在精神上"由被动转入主动"。当代中国哲学教育的一大使命，是发挥哲学在任何民族的精神生活中都不可替代的独特作用：澄清人与非人的精神边际，探索至真至美的精神境界，培育止于至善的精神追求。哲学人才培养从一开始就要重视"好奇心"和"责任心"的双重培育。

为人类作出更大贡献的重点是创造更多文明成果。哲学既是人类精神生产的诸多领域之一，又因为其对整体性和文本问题的独特关注而与人类精神生产其他领域发生重要联系，因为其对概念问题和规范问题的独特关注而与知识创造和应用发生了特殊联系。哲学教育要使未来的哲学工作者始终有能力得益于他们在哲学系开始的"double competence"（双重能力）的扎实训练，要使学生们将来无论从事何种工作，甚至是在哲学以外的专业领域，如教育、医疗、生态和遗传工程、信息技术等，都能贡献其出众的文本解读能力、概念分析能力和规范论证能力。

为人类作出更大贡献的难点是做好跨文化交流。无论在西方还是在中国，哲学家往往都有一种"予岂好辩哉？予不得已也"的心态。相对来说，可能是受"君子欲讷于言而敏于行"的影响，一些中国学生在国际场合，包括在国际合作学校中，给人的印象往往是不大愿意主动发言，不大善于慷慨陈词。作为一门以论证交往理性之必要性和可能性、研究理性交往之主体能力和社会条件为己任的专门学

---

* 童世骏，华东师范大学教授；潘斌，华东师范大学教授。

科，作为一种对学生进行扎实系统的“针对问题的论辩能力训练”和“基于内容的沟通方法训练”的专门教育，哲学在今天的中国可以说比在任何时刻、任何地方都更加重要。

为人类作出更大贡献的支点是不断加强学习能力。中华民族是一个以学为本、以教立国的民族。《论语》以“学而时习之，不亦乐乎”一句开篇，并非偶然。人是唯一通过有目的的学习活动而获得成长的动物，无论就种群而言，还是就个体而言，人类生命的长度和高度说到底都取决于学习的兴趣和能力。哲学最重要的研究对象，说到底就是集中体现在人的成长过程之中的那些基本关系。当代中国哲学教育不仅有责任通过对思维能力和交往能力的训练更好地实现教育和学习的工具价值，而且有责任通过对教育和学习过程之规律和规范的研究，通过对人的本性及其多样表现和人的尊严及其实现途径的阐发，更好地实现教育和学习的内在价值。只有经过中国哲学工作者基于虚心学习的不断努力，中国哲学教育才真正有可能为中国人的“富而教之”作出更大贡献，进而为人类文明进步作出更大贡献。

“新文科”建设中，哲学类专业如何发力？华东师范大学形成四条基本路径：守正创新、价值引领、学科交叉、思维创新。

一是守正创新，卓越育人。20世纪50年代，著名哲学家、华东师范大学冯契先生提出“化理论为方法，化理论为德性”的思想，其重要内涵是要把用马克思主义理论教育学生、推动学术研究与发展学科建设融为一体。新时代，推进“新文科”建设，我们要坚持守正创新，充分发挥哲学学科育人功能，坚持“学生、学术、学科一体的综合发展体系”，把学科建设与人才培养两个目标相统一，基于学术创新能力，提高育人育才质量。要将哲学学科的学术传统、重点研究领域以及哲学研究的国际前沿方向融入人才培养中，通过学术卓越实现育人卓越。华东师范大学全面推进“冯契学堂”哲学拔尖人才培养基地建设。依托学科优势，实施哲学“强基计划”，建设哲学拔尖人才培养高地，培养熟悉哲学传统、具备出色理论分析能力、在积极参与世界性百家争鸣的过程中引领时代的未来哲学家。同时，学校提升国际合作水平，提高哲学人才竞争力。引入丰富的海外办学资源，深入落实现有国际交流协议，开拓新的海外交流平台，建设与海外高校合作的本科双学位项目。

二是价值引领，“三全育人”。哲学教育兼具价值性与学术性，强化价值引领是哲学类专业建设的内在要求。落实立德树人根本任务，培养时代新人，需要我们将价值塑造、知识传授和能力培养融为一体，全面推进课程思政建设，积极构建“三全育人”大格局。学校哲学专业深度参与上海市高校课程思政整体改革试点，积极推进上海高校课程思政（哲学）领航团队建设，开展哲学课程思政教学案例设计比赛，组织编写《哲学学科课程思政教学指南》，强化“六个协同”，推进“三全育人”，着力提升人才培养质量。

三是学科交叉融合，协同育人。“新文科”以全球新科技革命、新经济发展、中国特色社会主义进入新时代为背景，以继承与创新、交叉与融合、协同与共享为主要途径，促进多学科交叉与深度融合。“跨界、整合、创造”正成为未来人才的新标签。跨学科的教育方式满足一个完整的人的全面发展的需要，拥有跨学科思维的人才能够适应社会问题复杂化、知识应用综合化以及知识创新加快等新情况，将在未来获得更大竞争力。学校积极推动“哲学+”专业布局，提升国际化建设的内涵。联合心理学、教育学等学科优势资源，构建“哲学+心理学+教育学”的新型PPE育人路径。对标世界一流大学人才培养实践，推动中国传统优秀思想资源走向世界。积极开展海外研修访学、学术交流，开设全英文课程，提升师资队伍国际化水平。学校实施大类培养，完善全程导师、协同育人机制。有效整合平台资源，文史哲三个专业一年级大类联合培养，后三年进阶式培养。科研导师、学业导师的“双导师”制贯穿全程，强化学业指导与科研引领。大夏书院担负第二课堂使命，形成“院系+书院+社团+导师+朋辈”五位一体的联合培养路径。

四是思维创新，课程育人。课程是人才培养的核心要素，课程质量直接决定人才培养质量。哲学类专业培养时代新人，迫切需要优化课程体系，建设一批超越知识点的传授、强化思维训练和能力教育的一流课程。近年来，学校突破以二级学科为依据的课程设置传统，确立以哲学能力培养为核心的三位一体的课程体系，增加思维训练与逻辑分析类课程的比重，努力解决哲学人才培养中长期存在的重理论、轻应用，重文本、轻方法，重抽象、轻分析的问题。学校着力完善哲学专业“名师—名课—名教材”教学体系一体化建设，着手启动哲学实验室建设，加强社会实践基地建设。面向大数据与人工智能，着力建设面向数字未来的哲学课程。同时，强化课程建设的质量导向与人才培养的能力导向。实施“荣誉课程”计划，打造“金课”群。开展“四个一”能力训练，即每生每年写一篇读书报告、作一次读书演讲、进行一次社会调查、从事一项科创研究，培养学生“做哲学”的能力。

（原载《中国高等教育》2020年第24期）

推进管理学领域新文科建设的方向与举措

黄有方*

在新文科建设的背景下，管理学理论和应用对中国的发展作用巨大。当前，管理学理论和应用受到高度重视，研究成果层出不穷，中国管理学理论、实践、工程已经形成中国式管理学发展的土壤，促使中国政府管理、企业管理、社会管理的研究与实践取得重大进展。

我国管理学专业的发展情况

目前，我国高校管理学共有 9 个专业类、59 种专业、9871 个专业点，专业类和专业点数量为文科各门类中最多。管理学专业种类数占文科专业种类数的 17.8%，管理学专业本科在校生数占文科在校生总数的 33.9%，每种专业平均在校生 5 万人，在校生总数占比和平均在校生数均为文科各门类中最高。

第一，管理学专业要更好地服务国家经济社会发展，提升管理研究能力，强化对国家战略管理的支撑作用。当前，全球管理理念、思想、观念和价值取向日益交叉多元，迫切需要发挥管理学对国家战略管理的支撑作用。同时，要着力建设有中国特色的管理学体系。管理学理论和实践应该既有继承性、民族性，又有时代性、系统性，因此，要加强对学科体系、学术体系、话语体系的系统性研究，打造有中国特色的管理学体系。

第二，在新文科建设的指引下，加强管理学与其他文科以及理工科学科的交叉融合。我国管理学实践的丰富性，要求管理学更多、更好地与其他学科进行交叉互动，促使学科发展带动管理实践发展，促进管理学专业学生积极进行社会实践，提升对新科技的兴趣与热情，掌握更多的新科技知识与技能。

---

* 黄有方，上海海事大学原校长。

第三，管理学专业课程设置要适应时代发展需要。当前，传统的管理学专业课程结构有待优化，课程设置有待更新。同时，管理学专业也需要与新一轮科技革命和产业变革大潮中出现的人工智能、大数据、区块链、基因工程、虚拟技术等新兴技术加强融合。

管理学领域新文科建设的主要任务

新时代，把握中华民族伟大复兴的战略全局，提升国家文化软实力，促进文化大繁荣，增强国家综合国力，新文科建设责无旁贷。根据新文科建设的目标与方向，管理学专业人才培养既要服务国家战略和全球治理大局，适应新科技革命的变革需求，也要符合高等教育改革发展的需要。

1. 管理学专业人才培养要服务国家战略和全球治理大局

面对日益复杂的国际环境，需要培养大批熟悉党和国家方针政策、了解我国国情、具有科学素养和国家使命感的国家战略规划和管理人才。

“一带一路”倡议的实施和“人类命运共同体”理念的实践是承载时代使命的重大工程，要求我们积极参与全球治理。这就需要高校培养大批具有全球视野、熟练运用外语、通晓国际规则、精通国际事务、具备跨文化交际能力、积极参与国际竞争、参与全球性事务与全球治理的管理类人才。因此，管理学专业要加强全球治理人才队伍建设，做好人才储备，为我国参与全球治理提供有力人才支撑。

2. 管理学专业人才培养要适应新科技革命的要求

新科技改变思维，新科技改变生活，新科技改变管理，新科技改变物流。当前物联网、大数据、5G 网络、云计算、人工智能、区块链、智能装备等技术发展迅猛，对经济发展、社会进步、全球治理产生重大而深远的影响，新科技深刻影响了管理学理念、环境、模式、价值、传播、共享、评判、效率等。人工智能、基因工程等新技术在改变人类生产生活方式的同时给管理的依据、道德、伦理等带来了冲击。在此背景下，管理学专业要正确、理性地看待和把握新兴科技，正确认识新科技革命对人类发展的意义与挑战，探索人类未来的走向。互联网、数据技术等新技术改变着现有产业结构、产业形态和产业内容，催生新产业的诞生，同时呼唤新管理。

3. 管理学专业人才培养要符合高等教育改革发展的需要

新时代高校教育教学改革的关键任务之一就是要主动适应和引领新技术、新产业、新业态、新模式，优化高校专业布局，实现人才培养结构、培养模式与国家需求相匹配，促进专业体系、人才培养体系与产业链、创新链等相衔接。因此，管理学领域的新文科建设要体现高等教育改革发展的需要，推动管理学领域人才培养模式和教育组织形式的变革。

推进管理学领域新文科建设的举措

新时代新使命要求文科教育必须加快创新发展。推进管理学领域新文科建设要进一步明确建设原则，高度关注国内外变革趋势，借鉴国内外已有的改革实践，鼓励各高校开展特色创新实践。

1. 明确管理学领域新文科建设的原则

一是坚持正确的政治方向。以党的政治建设为统领，加强党对办学治校各环节的全面领导，在新文科建设中落实立德树人根本任务，推进“三全育人”，提高管理学领域人才培养质量。

二是立足中国大地，服务国家发展。新文科建设的价值取向必须是扎根中国大地，在服务国家战略中体现自身价值。管理学专业要把握国际管理学领域的变革，促进多学科交叉融合，形成优势叠加效应，不断提升原始创新能力，服务国家重大战略需求和经济社会发展。

三是融入和参与新一轮科技革命。数字化、网络化、智能化技术在各领域的应用，带来产业发展质量变革、效率变革、动力变革，新文科建设需要拥抱新科技，运用管理学的战略思维，加快促进产业链、创新链、供应链深度融合。

四是探索新时代管理人才培养的规律和方法。人才培养必须适应时代的新需求，新时代的管理人才培养要加快理论体系创新，完善以产教融合为主要途径的协同育人机制，探索建立管理类专业质量评价体系，提升管理人才培养质量。

五是弘扬与创新中国的管理理念和管理文化。要从研究中国的管理实践问题出发，在重视理论创新的基础上，把握数字化、平台化、网络化、生态化的新型管理实践，凸显管理理念和管理文化的时代性。

六是突出管理学领域人才培养的中国应用生态优势。我国已经成为世界第二大经济体，具有全球最完整、规模最大的工业体系，有超大规模市场优势。要借助以上优势，构建符合我国经济社会发展的管理学领域人才培养体系。

2. 管理学领域要高度关注国内外变革趋势

当今世界正经历百年未有之大变局，经济全球化遭遇逆流，国际贸易局势紧张，地缘政治风险上升，国际经济、科技、文化、安全、政治等格局都在发生深刻调整。世界经济面临的风险和挑战依然较多，管理学领域要及时跟进和观察国内外各机构对国际经济形势的研判。

管理学专业的教育教学改革要高度关注联合国教科文组织（UNESCO）关于高等教育管理领域的指导意见和高等教育行动框架等目标及策略。同时，也要关注经济合作与发展组织（OECD）关于高等教育定性和定量的研究方法，重点关注其基于高等教育供给和治理等方面对未来高等教育发展重要趋势的预判。此外，各国的高等教育变革趋势对我国的新文科建设同样具有重要参考意义。

3. 研究和借鉴国内外已有的改革实践

在促进哲学社会科学发展方面，国内外高校都进行了多年的探索实践，积累了丰富的经验。本文以美国的哈佛大学、麻省理工学院以及我国山东大学、华中科技大学、厦门大学的实践为例，概述其新文科建设的有益经验。

哈佛大学：在哈佛大学，本科生可以自由地探索各个学科领域，并且选择自己的专业方向。学生直到大二秋季学期才被要求申报自己的专业，并且在整个本科学习过程中随时可以更改。在通识教育和专业教育之间，哈佛大学更强调通识教育，体现出通识教育课程体系多样化、通识课程设置结构合理、更注重学习者的兴趣和需要的特点。

麻省理工学院：麻省理工学院作为一所全球知名的工科强校，在 1947 年成立了人文和社会科学学院。该校在 20 世纪中叶以后大力发展交叉学科，使学校实力不断增强，其学科交叉融合的基础正是重视人文学科的发展。

山东大学：山东大学通过升级改造“三层次、七模块”通识课程体系和成立山东大学通识教育中心，构建通识教育体系 2.0 工程。设立新文科教育教学研究中心，打造新文科教育教学研究理论高地。以建设文科拔尖学生培养基地、跨学院和跨学科设立 20 个以上突出交叉融合的新兴文科人才培养项目、推进文科专业认证等，加强文科交叉复合人才培养。同时加大金专、金课、教材、实践、认证五位一体建设，构建系统的新文科人才培养体系。

华中科技大学：华中科技大学进行学科交叉多种方式的探索，例如新闻学院以新闻传播学与信息学科进行大跨度交叉，开辟网络新闻传播方向。经济学院突出数量经济、发展经济学，哲学系突出生命哲学，公共管理学院突出数字化城市管理、电子政务，法学院突出科技法学，中文系将语言学与计算机技术交叉融合，开辟新的发展方向。

厦门大学：2020 年，厦门大学开设首个“外国语言文学类+会计学/财务管理”班，主修涵盖英语、日语、法语、俄语、德语、西班牙语六个外语专业，辅修涵盖会计学、财务管理（财务管理与会计研究院）两个专业。学生入学一周后，根据个人志愿、高考成绩及入学后的英语分级考试成绩进行分流，执行相应主修专业培养方案。

4. 鼓励各高校开展特色创新实践

鼓励各类高校主动作为，立足中国实践、立足本校特色，开展管理学领域的新文科创新探索。加快构建中国特色的管理学领域话语体系，形成理论体系，用中国理论解释中国现象，解决中国问题，指导中国实践。

鼓励各高校规划与调整管理类专业布局。坚持需求导向，超前布局，主动应变，适应国际环境变化对管理类专业教育的周期性、全方位、深层次影响，满足我国新发展阶段、新发展格局对管理类专业人才的需求。

鼓励各高校改革管理类课程体系与教学方式。强化管理类课程目标覆盖知识、能力和素质三个维度的深度，探索课程打通、模块设计，加强其他门类专业与管理类专业课程教学的融合，推进线上线下混合式教学以及分散教学与集中教学结合的学习模式。

鼓励各高校强化管理类专业实践与创新能力培养。深化产教融合校企协同培养人才机制，提升管理类专业建设与社会新形势发展、产业转型升级的适应度。提高管理类专业实践教学课程比重，借助创新创业课程、创新创业项目、学科竞赛和教师科研项目等载体和平台，加强对管理类专业学生实践创新能力的培养。

鼓励各高校调整管理类专业质量评价体系。坚持目标导向、过程监测，形成新文科管理类专业人才培养质量标准、教学评价标准、专业评估/认证体系和机制，学校自评价与第三方评价相结合，提高管理类专业教学质量保障。

鼓励各文科教指委在新文科建设中发挥指导作用。2020 年 10 月，新文科建设物流教指委主任扩大会议召开，研究管理类专业的新文科建设思考和物流类专业在新文科建设中的举措。会议希望各高校要主动作为、深入研究，围绕专业布局调整、课程体系建设、教学方法改革、实践教学创新、质量保障与评估全面推进中国特色的物流类专业新文科建设。

（原载《中国高等教育》2021 年第 1 期）

新文科研究与改革实践项目指南

一、新文科建设发展理念研究与实践

1. 新文科建设发展理念研究

立项要点：坚持以习近平新时代中国特色社会主义思想为指导推进新文科建设，深入推进习近平新时代中国特色社会主义思想“三进”、高校“四史”教育、中华优秀传统文化创造性转化、创新性发展的有效路径、模式、机制研究。发挥文科教育知识性与价值性相统一的特点，全面推进高校课程思政建设，切实提升学生的政治认同、家国情怀、文化素养、法治意识、道德修养，培养担当民族复兴大任的新时代文科人才。

预期成果：研究论文、研究报告、案例分析、政策建议等。

2. 新文科建设改革与发展研究

立项要点：系统总结文科教育发展和文科人才培养的历史经验，深入研究分析新文科建设面临的机遇和挑战，明确文科教育在整个高等教育中的新定位新功能。主动服务国家软实力提升和文化繁荣发展新需求，尊重文科教育特点和文科人才成长规律，明确各专业类新文科建设的重点难点问题，研究提出各专业类新文科建设人才培养目标、知识能力素质要求及实现途径。研究高等文科教育发展与经济社会发展、新科技革命和产业变革间的互动规律和未来发展趋势，探索推进跨专业、跨学科门类交叉融合的有效路径。

预期成果：研究报告、政策建议、典型案例集等。

3. 新文科建设政策与支撑体系研究

立项要点：调研分析综合类、文科类、理工农医类等不同类型高校文科教育建设发展情况，总结提炼推进新文科建设的经验做法，结合学科专业特点形成一批典型案例，为新文科建设分类发展贡献可借鉴的有效经验。坚持问题导向，从宏观、中观和微观不同角度，分析新文科建设面临的重点难点问题，从经费投入、组织管理、评价激励、招生培养就业等方面提出推动新文科建设改革举措，完善新文科建设的政策支撑和条件保障。

预期成果：调研报告、咨询报告、政策建议、典型案例等。

二、新文科专业优化研究与实践

4. 新时代文科专业结构优化研究与实践

立项要点：面向国家重大战略需要和经济社会发展新形势新要求，分行业开展人才需求调研，建立完善人才需求预测预警机制和学科专业动态调整机制，提出新文科人才培养引导性专业建议目录。应对新一轮科技革命和产业变革，提升文科人才职业适应性和胜任力，探讨新时代文科人才必须具备的知识能力素质，明确各专业类人才的核心能力架构，为高校制订修订人才培养方案提供依据。

预期成果：人才需求调研报告、重点领域人才培养政策建议、新文科人才培养引导性专业建议目录、文科专业改革案例等。

5. 原有文科专业改造提升改革与实践

立项要点：夯实哲学、经济学、历史学、中国语言文学等基础学科专业建设和人才培养。紧跟新一轮科技革命和产业变革新趋势，积极推动人工智能、大数据等现代信息技术与原有文科专业深入融合，推动文科人才培养与教学研究范式的创新，促进文科与理工农医的深度交叉融合，推动专业知识体系和能力要求的更新，探索原有文科专业内涵提升、改造升级的实施路径。

预期成果：国家级和省级文科类“一流专业”、原有文科专业人才培养改革方案等。

6. 新兴文科专业建设探索与实践

立项要点：围绕国家经济社会高质量发展和新一轮改革开放重点领域的人才需求，开展深入调研，研究探索现代信息技术与文科专业、文科专业之间、文科与理工农医科专业深度交叉融合的新方向，研究提出新兴文科专业的增长点和发展方向。科学确定新兴专业人才培养目标和培养标准，探索基于多学科交叉复合的新课程体系、教学内容、培养方式。

预期成果：新兴文科专业设置论证报告、新兴文科专业建设和人才培养方案等。

7. 新文科课程体系和教材体系建设实践

立项要点：着眼培养学生跨领域知识融通能力和实践能力，整体设计面向新文科的课程与教材体系，推动将中国改革开放伟大实践的最新成果、中国特色哲学社会科学理论创新的最新成果及时转化融入教育教学，提高教育教学的时代性、学术性和针对性。构建中国特色的文化素质教育课程体系，推动建设跨学科、多学科交叉融合专业课程体系。联合开发一批中国特色哲学社会科学教材，推动数字化教材及配套资源建设，建设及共享一批中国特色的文科教学案例及案例库、文科专业课程思政建设案例及案例库，开展中国特色新文科教材的国际推介。

预期成果：国家级和省级文科“一流课程”、高校课程体系改革方案、高质量文科教材、课程教学案例及案例库等。

三、新文科人才培养模式改革研究与实践

8. 基础学科拔尖创新人才培养创新与实践

立项要点：全面总结国家文科基础学科人才培养和科学研究基地建设经验，完善文科基础学科拔尖学生培养机制，创新人才培养模式，从学生选拔、个性化培养、一体化管理等方面探索书院制、导师制、学分制等文科基础学科拔尖人才培养的实践经验。

预期成果：文科基础学科拔尖学生培养基地、人才培养模式、培养方案、课程体系、管理机制及典型案例等。

9. 政产学研协同育人机制创新与实践

立项要点：调研分析各学科专业政产学研协同育人机制的现状与问题，结合国家战略和相关行业发展新需求，推动育人要素与创新资源共享互动，建立健全高校与有关部门、科研院所、行业企业协同培养新时代文科人才的新机制。

预期成果：政产学研协同育人有效运行机制和模式、典型案例等。

10. 文科复合型人才培养创新与实践

立项要点：根据新技术和新产业发展趋势，促进学科交叉融合和跨界整合，研究探索跨学科、跨专业的文科教育组织模式。调研高校主辅修学士学位、双学士学位、联合学士学位、微专业等培养项目的实施情况，深入研究书院制、学部制等复合型人才培养的模式，提出有利于复合型文科人才培养的工作机制、课程整合方案等。

预期成果：学科专业交叉的教学组织模式、管理模式及改革实施方案等。

11. 高素质涉外人才培养创新与实践

立项要点：主动服务中华文化“走出去”战略、“一带一路”建设和人类命运共同体建设，围绕提升人文素养、跨文化能力、复语能力等，加强课程体系整体设

计，探索“专业+外语”培养模式，培养“一精多会、一专多能”的高素质国际化复合型人才。

预期成果：专业建设方案、人才培养模式总结、高质量课程与教材等。

12. 新文科创新创业教育与实践

立项要点：面向全体文科学生，探索完善文科创新创业教育体系，推进创新创业教育与专业教育深度融合，开发文科特色创新创业教育课程，推进分类培养和特色化培养模式改革。推动建设产教融合创新创业教育实践基地、专兼职创新创业师资队伍，推动以“敢闯会创”为核心的人才培养范式改革，促进学生创新创业能力和综合素养提升。

预期成果：文科创新创业教育实践体系和典型案例、创新创业教育实践平台等。

四、重点领域分类推进研究与实践

13. 文史哲领域新文科建设实践

立项要点：夯实基础学科，推进文史哲之间、文史哲与其他学科的交叉融合，打破原有以固化学科专业培养人的“传统模式”，探索书院制、导师制、学分制三者交叉融通的拔尖人才培养的“创新模式”，加快培养既继承中华传统优秀文化又弘扬时代精神、既立足中国又面向世界的新时代文史哲人才。

预期成果：专业建设方案、人才培养方案、课程体系、跨学科课程建设等。

14. 经管法领域新文科建设实践

立项要点：适应新科技革命所带来的新经济业态、新生活方式、新运营模式的需要，综合运用大数据、人工智能等信息技术对经管法专业在人才培养理念、模式、内容及手段进行升级改造。挖掘中国改革开放和现代化建设的伟大实践，构建中国特色社会科学理论体系，建设优质教学资源和内容，坚持以提升学生解决实际问题能力为导向，强化课程体系的实践性和应用，加快培养具有强烈本土化意识和国际视野的经管法人才。加大学科交叉融合和跨界整合的力度，培育新的学科专业增长点。

预期成果：专业建设方案、人才培养方案、课程体系、跨学科课程建设、经管法本土化教材等。

15. 教育学领域新文科建设实践

立项要点：从中国教育改革发展实践中挖掘新材料、发现新问题、提出新观点，加快构建中国特色社会主义教育理论体系，将教育理论有机融入教育教学实践，提升教育理论对教育实践困境和人才培养难题的指导性，更好服务教育现代化和教育强国建设。坚持问题导向，积极应对信息时代新兴技术对高校教育教学带来的挑战，围绕促进大学生自主学习、深度学习，深入开展教学方法、教育技术手段等方面的教学改革探索，为其他学科专业教育教学提供教学理论和方法支撑。面向教育教学发展新趋势，研究教师必备的能力素质模型，构建课程体系、教材体系和教学体系。服务教育强国战略，面向区域基础教育师资要求，探索高校与地方政府、中小学协同育人的有效机制。

预期成果：中国特色社会主义教育理论体系研究报告、专业建设方案、教学方法和教学模式改革案例等。

16. 艺术学领域新文科建设实践

立项要点：深入分析应对技术变革和产业革命对艺术教育面临的挑战，总结艺术教育与科技有机融合的典型经验。调研分析行业市场需求，特别关注文化科技融合、文化创业等产业新需求新变化，预测相关产业人才需求，优化艺术门类专业结构和人才培养体系。整体设计、整合优化艺术学课程与教材体系，开展多学科交叉融合的专业课程体系建设研究。

预期成果：体现新文科要求的艺术类公共基础课程、核心专业课程群、跨学科交叉系列课程、新形态教材等。

五、新文科师资队伍建设研究与实践

17. 新文科教师专业发展探索与实践

立项要点：结合新经济新产业的发展要求，立足新文科人才培养目标，突出教师的行业产业实践背景和经历要求，探索构建新文科师资能力标准体系。围绕高水平师资队伍建设，研究设计教师培训项目，探索灵活有效的培训方法，构建多层次教师培训体系。探索引导教师开展新文科教育教学改革，开展跨学科项目研究、跨学科专业课程建设的有效机制。

预期成果：各学科专业文科教师实践能力标准、多样化的高校教师与行业人才双向交流项目、教师参与跨学科研究和教学资源建设的机制等。

18. 融合现代信息技术的教师教学方法创新与实践

立项要点：推进信息技术与教育教学深度融合，探索人工智能、虚拟现实、数据挖掘等新技术促进教与学的方法路径，探究智慧环境下新文科专业的课堂教学改革模式。以学生为中心，立足促进学生有效学习，推进新兴技术在文科教育教学中的深度应用，探索在线教学、混合式教学有效模式，创新课内课外师生互动机制。

预期成果：基于现代信息技术的教学模式、教学方法、学习方式、考核方式、教学制度改革创新的新方案和典型案例。

19. 教师教学发展示范中心建设

立项要点：深入调研人文学科教师教学发展需求，分析教师教学发展中心建设现状与问题，完善文科教师教学发展机制，研究制定文科教师教学发展中心建设规范与评价机制，加强教师教学发展中心建设，推进教师培训、教学咨询、教师职业规划等工作常态化、制度化，促进教师教学与职业的协同发展。

预期成果：可推广示范的教师教学发展中心管理模式和运行机制，文科教育教师教学发展示范中心，培训资源和案例等。

六、新文科特色质量文化建设研究与实践

20. 以质量提升为核心的管理体制机制建设

立项要点：开展富有文科教育特色、体现“以本为本”“四个回归”的管理体制机制研究，建立以提升教育质量为核心、以激励教师投入人才培养为重点的管理制度体系，积极推进学分制、弹性学制，探索书院制等改革，全面提高文科人才培养能力。

预期成果：教师投入、学风建设、基本条件等方面与新文科人才培养质量提升相适应的新制度新机制，高校管理体制机制改革方案、政策建议等。

21. 高校内部教育质量保障体系建设

立项要点：研究面向培养目标达成的定量和定性评价方法，建立校院两级质量保障机制，完善教学环节质量标准、教学反馈和评估机制，健全内部评价与外部评价相结合的评价体系，构建教师教学、学生学业、质量监测“三位一体”的质量保障体系，形成自觉、自省、自律、自查、自纠的文科教育质量文化。

预期成果：高校内部全方位的教育质量保障、评估、反馈和改进机制，新文科人才培养质量评价办法，研究报告、制度文件、实践案例等。

22. 面向新文科的文科专业三级认证体系构建

立项要点：坚持学生中心、产出导向、持续改进理念，在国家三级专业认证的框架下，按照“一级保合格、二级上水平、三级追卓越”的要求，研究制定人文社科类专业三级认证指南，构建基于专业办学基本状态监测的第一级认证、基于专业

教学质量提升的第二级认证、基于专业教学质量卓越的第三级认证的标准体系，健全完善认证办法和程序，推动高校合理定位、规范办学、特色发展、追求卓越。

预期成果：人文社科类专业三级认证标准体系，认证办法等。

专家观点

“新文科”：时代需求与建设重点

樊丽明*

社会大变革的时代，一定是哲学社会科学大发展的时代。国际形势纷繁复杂，社会思想风云激荡，新科技革命和产业变革正在重构人类的生产方式、生活方式和价值理念，新时代、新形势呼唤高等文科教育的创新发展。习近平总书记在哲学社会科学工作座谈会上的讲话中指出：“一个国家的发展水平，既取决于自然科学发展水平，也取决于哲学社会科学的发展水平。一个没有发达的自然科学的国家，不可能走在世界前列，一个没有繁荣的哲学社会科学的国家也不可能走在世界前列。”① 他强调要实施以育人育才为中心的哲学社会科学整体发展战略，构筑学生、学术、学科一体的综合发展体系。2018 年9 月，党中央召开全国教育大会，发出了加快推进教育现代化的动员令，提出了努力构建德、智、体、美、劳全面培养的教育体系，形成更高水平的人才培养体系的目标要求。总书记的系列重要讲话为哲学社会科学发展指明了方向，也为推进新文科建设提供了根本遵循。

讨论新文科建设，首先要注意文科的两个重要特征。一是内容的多元化。按照研究对象和任务，文科可分为人文科学和社会科学。其中人文科学主要研究人的观念、精神、情感和价值，即人的主观精神世界及其所积淀下来的精神文化。常用意义分析和解释学的方法研究微观领域的精神文化现象，包括文、史、哲及其衍生出来的美学、宗教学、伦理学、文化学、艺术学等。社会科学主要研究各种人类社会现象及其发展规律，侧重于运用实证的方法来研究宏观社会现象，包括经济学、管理学、社会学、政治学、法学等。按照我国《普通高等学校本科专业目录（2012 年）》，除了理学、工学、农学和医学外，哲学、文学、历史学、经济学、法学、教育学、管理学、艺术学等八个学科门类都可纳入“文科”范畴。这决定了“新文科”建设内容的广度更宽、难度更大，也要求“新文科”研究与建设应有分类思维，方能提

---

* 樊丽明，山东大学校长，教授，教育部新文科建设工作组组长。

① 习近平：《在哲学社会科学工作座谈会上的讲话》，人民出版社 2016 年版，第 2 页。

高成果的可行性与有效性。二是其具有科学性和价值性的双重属性。人文社会学科既是事实科学，追求客观真理，又是价值科学，追求具有主观标准的美和善，是客观和主观、事实和价值、真理和规范相统一的科学，具有科学认识和意识形态双重功能。一方面，它必须从客观事实出发，秉持科学的原理和法则，按照科学的逻辑和程序，运用科学的手段和方法，进行科学的认识和实践，从而得出科学的结论，以保持科学的理论品格，实现科学的认识功能，这种真理具有唯一性。另一方面，它又以人类自身的文化现象和社会现象为研究对象，不可避免地要承担意识形态功能，在坚持科学性的前提下，要自觉地维护一定的价值观念和社会利益，因此，文科发展具有高度复杂性和理论的非唯一性、非标准化。世界上没有纯而又纯的哲学社会科学，研究者生活在现实社会中，研究与主张都会打下社会烙印，立场不同作出的判断就有所不同。文科的双重属性，使其与自然科学的专业、课程、内容相比，具有典型的人文特质和社会品性。因而，它具有特殊的育人功能，培养学生在掌握科学知识的基础上，树立正确的人生观价值观，增强社会责任感，涵养人文精神。从这个意义上说，“新文科”建设是一项外部正效益极强的工程，也是具有其自身特点和规律性的工程。

一、新文科建设的时代需求

我国的新文科建设发端于 2018 年，教育部高教司在“四新”建设中明确表述为“新文科”。2019 年 5 月“六卓越一拔尖”计划 2.0 正式启动后，新文科建设引起社会广泛关注。笔者认为，中国建设新文科的核心要义是要立足新时代，回应新需求，促进文科融合化、时代性、中国化、国际化，引领人文社科新发展，服务人的现代化新目标。

第一，新科技革命与文科融合化。目前，新科技革命与文科的融合化发展已经达成初步共识。新科技革命和产业变革是一次深刻的全方位变革，已经而且还将继续对人类的生产模式、生活方式和价值理念产生深刻的影响。由于科学发展，人类创造了大量新知识，由此实现了许多技术突破，例如人工智能、大数据、区块链、基因工程、虚拟技术、5G 技术等。这些新科技催生了以跨界融合为特征的新产业新业态，互联网金融、互联网营销、互联网教育、互联网诊疗风起云涌，“大数据+”“人工智能+”“虚拟技术+”“基因技术+”奔腾而至。新产业新业态的快速发展产生了对知识复合、学科融合、实践能力强的新型人才的迫切需求，催生交叉新专业，促进开设新课程，探索育人新模式，且推动现有专业升级改造。同时，科技进步不断创造着研究学习的新方法、新手段，新科技发展和新产业新业态产生持续引发着新的研究课题，不仅促进自然科学进步，也促进文科学术视野的拓展和思维范式的变化，推动文科研究内容与方法的融合创新。因此，“新文科”之“新”首先在于新科技发展与文科融合引致的文科新增长点和传统文科专业、课程以及人才培养模式的更新换代。

第二，历史新节点与文科新使命。回顾历史，2019 年是五四运动 100 周年、新中国成立 70 周年、改革开放 40 多年的重要历史节点；面向未来，我们正处在实现“两个一百年”奋斗目标、实现中华民族伟大复兴中国梦的重要时间节点。中国已经进入百年来最为重视中国优秀传统文化的时期。中华优秀传统文化是中华民族的“根”和“魂”，是中华民族的精神命脉。特别是贯穿其中的思想观念、人文精神、道德规范，为中华民族生生不息、发展壮大提供了强大精神支撑和内在动力。习近平总书记在纪念孔子诞辰2565 周年国际学术研讨会暨国际儒学联合会第五届会员大会开幕会上强调：“优秀传统文化是一个国家、一个民族传承和发展的根本，如果丢掉了，就割断了精神命脉。我们要善于把弘扬优秀传统文化和发展现实文化有机统一起来，紧密结合起来，在继承中发展，在发展中继承。”“要坚持古为今用、以古鉴今，坚持有鉴别的对待、有扬弃的继承，而不能搞厚古薄今、以古非今，努力实现传统文化的创造性转化、创新性发展，使之与现实文化相融相通，共同服务以文化人的时代任务。”① 处在历史新节点，传承中华优秀文化根脉，创新文化发展，树牢文化自信，促进多元文化交流交融是文科的新使命，即文科的时代性要求。而培养研究传承中华优秀传统文化、担当创造性转化创新性发展大任的人才，需要文科教育有新作为新气象。如何着力培养基础扎实、通古博今、创新力强的中国文化研究人才，以承担创新性发展职责；如何着力培养知识广博、通晓中外的跨文化研究与传播人才，以促进多元文化交流交融；如何着力培养知识复合、创造力和实践力强的文化创意人才，以实现文化创造性转化；如何开展面向全体学生的高质量通识教育，进行有效的社会推广，树牢全民族文化自信，等等，都值得深思和探索。

第三，进入新时代与文科中国化。首先，文科中国化需要正视教育教学内容中国化问题。回顾改革开放 40 多年，文科中不少学科的基本概念都来自西方，中国法学、政治学、社会学、经济学、管理学和传播学的研究对西方学术体系和话语体系的依赖性很强。这既体现了文科在开放活跃的国际交流与合作中的快速发展，也暴露了自主研究不足的软肋。仅就经济学、管理学而言，中国经济发展成就举世瞩

---

① 习近平：《在纪念孔子诞辰 2565 周年国际学术研讨会暨国际儒学联合会第五届会员大会开幕分上的讲话》，人民出版社 2014 年版，第 11 页。

目，走出了一条适合国情的经济发展“中国道路”。但学界对中国经济发展经验及其规律的总结研究不够，植根于中国文化的管理经验和本土案例的提炼分析不足，建立中国特色社会主义经济学管理学理论体系的任务十分繁重，尚未完成，中国特色社会主义经济学管理学理论和案例进培养方案、进教材、进课堂也很不平衡很不充分。如何在兼收并蓄的基础上，结合中国特色社会主义伟大实践，加快构建具有继承性、民族性、原创性、时代性、系统性、专业性特点的中国特色哲学社会科学体系，如何加快建设具有中国特色的学科体系、学术体系、话语体系、教材体系，如何着力打造融通中外的新概念、新范畴、新表述，着力凝练体现中国立场、中国智慧、中国价值的理念、主张、方案，充分展现中国学术话语的特色和优势，是进入中国特色社会主义新时代文科建设应该着力研究和破解的问题。其次，文科中国化需要正视培养目标和方法适应中国未来需要的问题。改革开放以来，文科尤其是社会科学领域专业点规模和招生数量激增，对满足社会的经管人才急需贡献良多，但也暴露出一些偏向。就经济学管理学门类而言，一是功利化倾向比较严重，从专业增设、培养方案到课程设置，重应用型专业、轻理论型专业，增设应用类课程，大大压缩理论和史学课程，片面强调培养应用能力、忽视理论思维能力，高层次理论人才的培养力度和质量不容乐观。二是方法过度量化问题比较突出。在课程设置、学分要求和学位论文要求上，程度不同地存在着技术至上、忽视思想，非数理计量不成论文等问题。三是实践教学弱化，专业见习实习学时不足、质量监控缺失，不利于实践能力培养，更不利于深入把握中国国情。要真正培养高质量创新型引领性人才，未来担当社会发展民族复兴大任，文科人才培养就要着力突破一些瓶颈，迈出新的改革步伐。

第四，全球新格局和文科国际化。当今世界正处于大发展、大变革、大调整时期，和平与发展仍然是时代主题。世界多极化、经济全球化、社会信息化、文化多样化深入发展，全球治理体系和国际秩序变革加速推进，各国相互联系和依存日益加深，国际力量对比更趋平衡。中国的国际地位也发生了翻天覆地的变化，从 1840 年鸦片战争爆发后处于国际社会的边缘，到现在逐步“走向世界舞台的中央”，中国提出了“坚持推动构建人类命运共同体”的主张，始终不渝走和平发展道路、奉行互利共赢的开放战略，始终做世界和平的建设者、全球发展的贡献者、国际秩序的维护者。新形势新任务要求不断“提高我国参与全球治理的能力，着力增强规则制定能力、议程设置能力、舆论宣传能力、统筹协调能力”，“需要一大批熟悉党和国家方针政策、了解我国国情、具有全球视野、熟练运用外语、通晓国际规则、精通国际谈判的专业人才”。① 因此，要着力于全球治理人才培养，突破人才瓶颈，做

① 习近平：《论坚持推动构建人类命运共同体》，中央文献出版社 2018 年版，第 385 页。

好人才储备，为我国参与全球治理提供有力的人才支撑。但与全球治理人才的需求相比，目前供给能力明显不足。对于高校文科建设而言，加快培养国家急需的全球视野、中国立场、通晓规则的高素质国际组织人才，加快培养适应全球新格局的高素质国际专业人才，包括外交人才、国际经贸人才、涉外法治人才、国际新闻人才、国际专利人才等，着力提高文科专业学生的全球视野、国际交往能力和全球就业能力，是全球新格局对文科发展的新要求。

二、新文科建设的重点任务

新文科建设的要义在于引领学科方向，回应社会关切，坚持问题导向，打破学科壁垒，以解决新时代提出的新问题为旨归，重点工作则在于新专业或新方向、新模式、新课程、新理论等方面的探索与实践。

第一，建设新专业或新方向。一方面，要着力建设交叉融合新专业（新方向）。要以新的思路和跨界模式，探索建设适应引领时代发展的新专业（新方向），培养创新型专业人才。按照交叉融合范围和程度，新专业可分为以下几种情形：（1）人文科学内部融合的新专业。比如说国学人才培养，山东大学尼山学堂的研究实践表明，文史哲专业不打通，优秀国学人才很难培养出来。要培养出未来的国学大家大师，深度融合文史哲专业值得探索。（2）人文与社科融合的新专业。譬如，以外语+国政、外语+国经、外语+法学等模式培养复合型国际型人才培养，以融哲学、政治学、经济学于一体的 PPE 项目培养理论人才，都是有价值的改革探索。（3）文理融合的新专业。譬如金融科技、科技考古、计算社会学等，将大数据、人工智能等新科技与传统文科相结合，旨在培养业界学界创新发展急需的新型人才。（4）文工、文医融合的新专业。譬如，适应高层次专业化人才新需求，可探索文工交叉、本硕贯通的复合型甚至国际化知识产权管理人才培养，艺术设计与新媒体结合的现代艺术设计人才培养，医学与心理学、社会学结合的护理康复人才培养等。另一方面，要推动现有专业的转型升级。通过培养目标和课程结构的改革调整，实现人才培养质量提高和未来发展潜力提升。譬如，以往新闻学科培养的人才主要适应各类传统媒体发展的需要，新文科则要致力于全媒体时代国际新闻传播人才的培养，这就需要进行培养方案的全面修订。再如，在新的社会需求和教育背景下，文科专业如何增开并开好人工智能、大数据、编程技术等课程，优化调整实践课程结构，也是新文科建设的重要内容。

第二，探索新模式。首先，要探索学术型人才培养的本研贯通模式。依据文科的新职责，不同类型的人才培养所需要的模式也不同。学术型人才的本科与研究生阶段的统筹设计至关重要，真正实现宽口径、厚基础、长学制贯通培养，尤其是实行滚动式可淘汰的本硕博贯通培养模式，是培养精英国学人才、经济学政治学理论人才的有效保障。同时，要进一步加强合作，整合服务于人才培养的优质资源。一要实现高校与境内外教学科研机构联合培养。对于应用型人才，通过国内外机构的学习和实习，开阔视野，增强能力。上海财经大学的国际组织人才培养采取国内外高校、境内外机构（总部位于中国的亚投行、金砖银行总部，位于纽约和伦敦的国际金融中心机构以及日内瓦、纽约的国际组织）学习实习的有机集成模式，培养效果良好。二要实现校政校企联合培养，提高培养质量。三要实现跨校跨院联合培养，探索双学位或主辅修、微专业的建设方法与实施策略。

第三，建设新课程。一是要开发新课程，改造老课程。既致力于开发适应新专业新方向的专业课程，如空间计量经济学，也要特别重视开发通识教育课程，如国学经典。二是要编写新教材，补充新内容。编写反映中国特色社会主义理论与实践新发展、吸收新研究方法的新教材，补充新内容。三是要运用新手段，开发新思维。着力打造线下、线上、混合式、虚拟仿真、社会实践等 5 类“金课”，让文科的教育教学理念、内容、手段、方法、学生考查标准等发生一系列变化，切实提高课程质量和学习成效。但对于文科而言，运用新手段不宜一刀切，不是旨在把课程内容呈现得炫目多彩，而关键在于因课而异，通过运用必要的新手段让学生的思维更活跃，理解更深刻，学习更有效，更具启迪创造性。

第四，构建新理论。建立中国特色哲学社会科学理论体系的工作难度很大，需要执着探索和长期积累，目前在某些领域已经取得了较好成绩。北京大学林毅夫教授多年致力于中国特色的发展经济学研究，创立了“新结构经济学”。外交学院秦亚青教授将“过程和关系”两个中国社会文化中的重要理念植入国际关系理论，提出了过程建构主义的理论模式，形成了具有中国特色、中国风格的国际关系理论体系。山东大学资深教授曾繁仁一直致力于研究生态美学，深耕于基础理论领域，也形成了富有特色的新生态美学理论体系。这些都是值得学习的案例。另外，马克思主义与儒家文明、东西方跨文明对话交融、构建人类命运共同体等等，这些都是新时代提出的需要新文科去探索解决的新课题，已经引起广泛关注，有待于有识之士进一步完善而形成完备的理论体系。

进而言之，推进新文科建设还需要正视难点，破除障碍。首先，对于高校而言，主要是实现观念更新和改善制度供给。高校要充分认识新科技革命与产业革命对高等学校文科人才培养的新要求，充分认识新时代文化传承创新和树立文化自信对高校文科人才培养的新要求，充分认识中国特色社会主义伟大事业发展壮大对高校人才培养内容方法的新要求，充分认识中国参与全球治理新角色对高校文科人才培养的新要求，充分认识新文科建设的必要性与紧迫性。以此为基础，新文科建设既需要学院层面的规划，更需要学校的顶层设计，依据各自校情，加强专家论证，明确突破环节，解决重点问题。学校需进行制度创新，给予配套政策支持，解决新文科建设中学院、教师关心的瓶颈问题，鼓励跨学院联合建设新专业，鼓励实现校内外师资实验实训等资源的共享，鼓励教师开发新课程，加大引进与培养结合、专职与兼职结合的力度，优化人力资源支撑。其次，对于教育行政管理部门，则要改革完善教育管理制度和优化评价体系。一是为了探索提高新文科学术精英人才培养质量，有效开展本硕博长学制贯通式培养，需要加大高水平大学的办学自主权。二是借鉴新工科建设经验，依据改革需求，更新专业口径，增设合理专业名称，支撑新文科建设与改革，避免“旧瓶装新酒”现象。三是改善学科学校评价导向，破除唯项目、唯经费、唯奖励倾向，以利于人才培养与科学研究协调发展，遵循不同学科规律科学发展。

（原载《中国大学教学》2020 年第 5 期）

何谓“新文科”

王学典[*]

近一两年来，高等教育领域在下力气推动“新工科”“新农科”“新医科”和“新文科”建设，并设立了相应的建设领导小组，其中，“新文科”概念的提出尤其敏感，因而特别引人注目。但什么叫“新文科”？与之相对的“旧文科”是什么？新旧之间的差异何在？新文科的特征是什么？这些问题均是当下学界特别是高等教育文科各领域普遍关心但又感觉不易把握的问题，因而亟须一场讨论甚至一场辩论予以解答。笔者也同样关心这些问题，同时由于山东大学校长樊丽明教授担任教育部新文科建设领导小组组长，山东大学从事新文科建设的氛围因而格外浓厚，这就更激发了笔者的思考。在此，笔者先把自己若干不成熟的想法抛将出来，以作引玉之砖，希望得到大家的批评。

一、新文科的内涵

中国历史上本没有现代意义上的学科分类，经、史、子、集原为图书分类，虽然也具有稀薄的学科分类意味，但毕竟和现代学科分类有巨大距离。文、理、工、医等现代学科分类从一开始就移植于西方，完全照搬自西方。不仅大的分类体系如此，小的分类体系如所谓“文科”内部的分类体系也同样如此。所以中国现代学术分类体系分类框架，无论大小，皆是从无到有一点点取自西方，这是有目共睹的事实。而我们现在所追求的新文科则是在一定程度上能反映、呈现和包含中国经验、中国材料、中国数据的文科。

“五四”前后，我们开始了对欧美人文社会科学体系的第一次大规模移植。中华人民共和国成立之后，我们也曾照搬过苏联的学科分类。改革开放之后，我们向

---

* 王学典，山东大学儒学高等研究院执行副院长，《文史哲》主编。

西方敞开了大门，开始了第二次全盘照搬西方的学科，大规模地从西方移植了社会科学，特别是经济学、政治学、法学、管理学等等。有一段时间，我们甚至提倡在高校的上述学科尽量使用西方的原版教科书。这种移植如同上面所说，对中国传统学术而言，毫无疑问是一场深刻的学术革命，填补了现代学术空白，没有这一引进就没有现代学术，其意义不容低估，但“言必称希腊”的弊端也如影随形，相伴而来。经过上百年，尤其是近几十年的努力，从欧美移植过来的这些学科本身尽管都是在中国语境下由中国人自己在研究，但是这些学科浓厚的西方气质并未发生根本性的变化。这一点几乎表现在所有哲学社会科学学科上。

这里的关键问题是，我们通过这些具有浓厚西方气质的学科，究竟是想为“欧美”造就人才还是为我们自己造就人才？早在 20 世纪 30 年代初，就有人尖锐指出过：“中国现在还有许多人不知道中国的政治、经济、社会，以及他们的历史是值得研究的，必须研究的，而且可以研究的……他们看见英美各国的大学有些什么社会科学的课程，也就照样设立这些课程……我们的大学不是在这里为中国造人才，反在这里为英美法造人才。”[①] 著名的“人类学中国化”主张者吴文藻先生当时也明确指出：“现在大学生所受的教育，其内容是促进中国欧美化和现代化的，其结果是使我们与本国的传统精神越离越远”，以至“已铸下了历史的中断”。[②] 南开大学张伯苓先生甚至提出：我们要办“以中国历史、中国社会为学术背景，以解决中国问题为教育目标的大学”。尽管从 20 世纪 30 年代起，中国人文社会科学界就认识到了这一问题，并发起过“学术中国化”运动，但将近一百年过去了，这一状况并未得到根本改变。

正是鉴于这一以往的教训，正是在以往学界努力的基础上，2016 年 5 月 17 日，习近平总书记在哲学社会科学工作座谈会上，发出了构建中国特色哲学社会科学的号召。这样，一个人文社会科学的“中国化”过程终于正式开启。当下的中国文科各领域都面临着从西方化的学科体系向中国特色的学科体系转型这样一个挑战或任务。在笔者看来，所谓“新文科”和“旧文科”之间的差异，顺理成章的是中国特色学科体系和西方化学科体系之间的差异。以中国特色哲学社会科学为核心内容，即在一定程度上反映、呈现和包含中国经验、中国材料、中国数据的文科，当然就是所谓的“新文科”。在这方面，文科各门类毫无疑问都有许多艰巨工作要做，但像经济学、政治学、法学和管理学这些直接从西方照搬过来的社会科学，在中国特色的锻造方面，面临的任务似乎更重。

---

① 蒋廷黻：《中国近代史》，群言出版社 2015 年版，第 276 页。

② 吴文藻：《论社会学中国化》，商务印书馆 2017 年版，第 438 页。

二、从“分科治学”走向“科际融合”

新旧文科之间，除了内容上有无中国特色之外，另一点差异，就是“旧文科”特别强调“分科治学”，而“新文科”格外追求“学科融合”。从分科治学走向学科交叉，换句话说，从分科治学走向科际融合，甚至走向一些新生的文科门类，这是学科发展下一步要解决的一个方向性问题。而我们所追求的新文科就是那种破除学科壁垒走向各学科“大融合”的文科。

大家知道，分科治学是现在所有学科的基本存在方式，这个方式本身没问题。不分科，我们没办法实现专业化、专门化，而没有专门化和专业化，研究根本无法深入。但问题在于，这种分科治学的学术生产方式是大工业初始时代的产物。大工业初起时特别强调分工，分工才有效益，分工才能提高效率。这就是亚当·斯密的《国民财富的性质和原因的研究》和马克思的《资本论》都拿出相当的或者最重要的篇幅谈分工的重要原因。斯密曾举过一个例子：工场手工业时期，“扣针的制造分为十八种操作。有些工厂，这十八种操作，分由十八个专门工人担任”。“如果他们各自独立工作，不专习一种特殊业务，那末，他们不论是谁，绝对不能一日制造二十枚针，说不定一天连一枚针也制造不出来。”而分工以后，“这十个工人每日就可成针四万八千枚，即一人一日可成针四千八百枚”。① 分工产生效率这一事实，导致分科治学的出现。斯密接着以哲学为例说：“哲学或推想也像其他各种职业那样，成为某一特定阶级人民的主要业务和专门工作。此外，这种业务或工作，也像其他职业那样，分成了许多部门，每个部门，又各成为一种哲学家的行业。哲学上这种分工，像产业上的分工那样，增进了技巧，并节省了时间。各人擅长各人的特殊工作，不但增加全体的成就，而且大大增进科学的内容。”② 总之，分科治学是工业革命初起时产业组织范式在学术上的投影。大工业初始时代特别强调分工，这一点投射到科学研究上，就是特别强调分科，特别强调学术上的精细分工。

产业的组织形态左右着科研的组织形态。现在，我们已经进入产业发展史上的信息化时代，更强调学科联合，更强调学科融合、科际融合，乃至现在的新趋势不是“联合”“融合”“整合”的问题，而是出现了一些全新的带有交叉性质的学科，如物理化学、生物化学、生物物理等等。继数学成为各学科的工具之后，物理、化

---

① ［英］亚当·斯密：《国民财富的性质和原因的研究》上卷，郭大力、王亚南译，商务印书馆1972年版，第6页。

② ［英］亚当·斯密：《国民财富的性质和原因的研究》上卷，郭大力、王亚南译，第11页。

学、生物等基础学科也都已经工具化了。文科中的基础学科如文学、历史、哲学等也正在向工具化转变。为什么现在大家都在不约而同地强调学科交叉？就是大家现在都看到了学科界限或精细分科治学的弊端了，问题的存在已经很严重了。我个人认为，现在的学科分类，文史哲、政经法、数理化、工医农等等，已经只具有教育学的意义，不具有学术研究的意义。教育学的意义是什么呢？我考上了大学，我来大学读书，我必须被放到一个专业里边，你学政治，他学经济，另外的人学数学，否则你没办法学习，猛虎吃天还得找个下牙的地方。但对于科研而言，不是这样。现在的分科已经成为学术进一步发展的障碍、壁垒。将来的学术形态、学术组织形式肯定将发生根本变化，因为信息时代已经到来。伴随着这样一个深刻的变迁，整个科研的组织形态不可能“我自岿然不动”！现在为什么格外强调团队？就是因为一个人不可能同时通政经法，但组织团队可以解决这个问题。所以跨学科的问题学科交叉的问题打通学科壁垒的问题，可以通过团队的形式和规模来实现。文科需要不需要团队？完全需要，甚至于文科更需要团队。团队将是未来文科科研的主要组织形式，如同分工单干曾是以往文科科研的基本形式一样。

三、“重问题轻学科”的新文科

新旧文科之间的第三点差异，我个人认为，是新文科更加突出问题，更加强调以问题研究为中心。大家知道，很长一段时间以来，“学科建设”叫得特别响，堪称轰轰烈烈。但其中一个由来已久的弊端，就是现在的学科建设过于强化学科自身的存在，而忽视了对问题的解决。“重问题轻学科”，可能将是新文科的核心追求。

那么，我们衡量学科最常用的标准是什么呢？首先是否博士点或硕士点，然后是梯队配置，如正、副教授多少，年龄结构是否合理，然后是承担了多少国家项目，还有就是在国外 A 区或者是权威期刊上发表多少论文，以上就是我们衡量学科的基本标准。所以大家都在大张旗鼓地搞学科建设。但是学科存在的意义是什么呢？没人问。在笔者看来，学科存在的终极根据是为了解决问题。否则的话学科存在的价值和意义在哪里呢？这是需要我们深入而认真思考的一个问题。现在看来，我们的学科建设已经出现了较大偏差。现在的所谓“学科建设”如同一个手术师一个外科大夫一样，他成天打磨自己的手术刀，你看我这手术刀多好，多漂亮多精致多豪华多锋利，但他忘了手术刀的存在是为了解除人类的痛苦，是为了救死扶伤。大家知道，经济学的存在是为了解决约束条件下效益最大化的问题，经济学在这个方面究竟解决了多少困扰我们发展的问题？法学的存在是为了解决公平正义的实现问题，在这方面，法学又究竟作出了哪些贡献？政治学的存在是研究制度安排与运行问题，在这方面，我们的政治学又有哪些作为呢？总之，最近几十年来，我们过于强调学科自身的存在，而忽视了对问题的解决。

我个人认为，未来新文科建设的重心就是弱化学科，突出问题。敝人所在的《文史哲》编辑部，于十几年前就提出过一个编辑方针：以问题为平台整合学科，而不是以学科为平台切割问题。譬如说研究乡村社会的转型，或研究一个村落的变迁，这是经济学的问题还是政治学的问题？抑或是法学的问题、人类学的问题、历史学的问题？什么都不是。反过来说也一样，它什么都是：既是经济学问题，也是政治学问题，也是法学问题，也是人类学问题，也是历史学问题，甚至还是农学问题，是气象学问题等等。因此任何一个重大问题的解决都需要多学科的协同。研究现代化问题，对应的是什么学科？研究城镇化问题，对应的是什么学科？研究中国道路，对应的是什么学科？长期以来，我们只强化学科自身的存在，而忽略了学科存在的意义。换句话说，我们忘记了学科设立和存在的初心是什么。分科是为了治学，但治学绝不是为了巩固分科，强化分科，或者搞什么学科建设，而是为了解决问题。所以我个人认为，高校哲学社会科学下一步要突破的瓶颈，就是以问题为平台整合学科，改变当下这种“重学科轻问题”的价值追求。

四、第三次学术大转型与新文科

需要在此强调的是，新文科建设任务的提出，绝非偶然，绝非某些人的心血来潮，它实际上与当下正在发生的第三次学术大转型密切相关。与中华人民共和国成立以来第三次学术大转型相适应的文科可能就是我们所追求的新文科。

2019 年是中华人民共和国建立 70 周年。中华人民共和国成立 70 年来，已经经历了两次学术大转型，我们眼下正在经历第三次学术大转型。第一次是用共和国学术来取代民国学术，即用马克思主义和马克思主义中国化的产物毛泽东思想来置换在民国年间占统治地位的胡适的实验主义和自由主义。这第一次大转型奠定了我们今天文科发展的基础。第二次大转型是改革开放之后，我们用现代化（西方化）的学科体系来取代以阶级论为基础的学科体系。年龄稍微大一点的人都非常清楚，“文革”之后，特别是改革开放之后，学界形成的一个最大共识，也是当时整个中国社会所形成的一个最大共识，就是放弃“以阶级斗争为纲”。我们在这之前建立在阶级论基础上的学科学术体系，已经被西方化或者是现代化的学科体系所取代，这实际上是近 40 年来学术发展的一场巨大运动。这场深刻的学术现代化运动，构筑起了一个完备的而且能与世界接轨的人文社会科学成熟框架。而我们现在正在经历的所谓“第三次学术大转型”，就是我上面说的用中国特色哲学社会科学取代从西方直接移植照搬过来的那些学科，我们正处在这个过程的初始时期。我个人认为，未来中国30年的哲学社会科学，主要解决的是我们学科的中国特色问题，改变长期以来学术西方化这样一种趋势、这样一种模式。

五、新文科与新时代

还应该看到，新文科建设任务的提出，与学术界跨入新时代密切相关。应该看到，学术界的内外形势，现在均已发生深刻而巨大的变动，不管是否自觉和自愿，当下哲学社会科学的每个学科都在重建与现实的联系、与政治的联系、与意识形态的联系。而在近40年，几乎每个学科都在努力去政治化、去意识形态化、去现实化，乃至去理论化，都在追求“学术独立”。而更加强调学以致用，可能将会成为未来新文科的突出特征。

废弃“学以致用”，主张“为学术而学术”，在拒绝了“学术研究为无产阶级政治服务”口号的同时，进而放逐了现实和时代，最后则整体遁入象牙塔中，总之，返回自身向内走，是“文革”结束以来文科发展的一种基本倾向。

这时人们似乎已达成一种共识：在“学术与现实的关系”中，“现实”好像已成为一种有害的因素、负面的因素，因此，必须远离“现实”、回避“时代”，能遁入不食人间烟火的“象牙塔”中最好。这种对所谓“纯学问”的向往在20世纪80年代初可以说即已成为一种思潮。但到了90年代，“现实”才真正成为一种大面积的“瘟疫”，使得许多人躲避唯恐不及。一方面是翻天覆地火热的社会巨变，另一方面是寂静的远离生活的学院派研究。一段时间内，校园的院墙已经成为许多人精神活动的边界。

学院派的学术研究要不要观照现实？校园的学者要不要有超越专业目标的现实关怀？国家民族的巨大需求要不要关注？这里事实上提出了“学术与现实”的关系、学术与意识形态的关系、学术与政治的关系，这样一个重大知识论问题。这些问题的实质是：在整个学术认识的过程中，“现实”等外部因素究竟是不是一种正面的因素？“文革”后一段时间之内，人们普遍认为：为现实而研究学术必定导致歪曲研究对象的真相。许多人可能不知道，没有“现实”就没有任何“学术”，“学术史”演变的最大动力、最活跃最积极最主动的因素不是学术自身而是“外部现实”。史学学术史上有大量事例说明了一点：没有政治意识形态的需要及其对这种需要的满足，就根本不会有所谓的“廿四史”和《资治通鉴》，没有清算“帝国主义血账”的政治信念和现实诉求，也根本就不会有著名的《中国近代史资料丛刊》的编纂。这些都是众所周知的学术史事实。

现在，随着“新时代”的来临，“为学术而学术”的时代看来已趋向终结，与现实、社会、政治、意识形态重新缔结更加紧密的新关系，似乎将攸关每个学科的新生命，也肯定将构成“新文科”的最鲜明特征。

（原载《中华读书报》2020 年 6 月 3 日）

新文科“新”在哪儿？并非“科技+人文”那么简单

孙正聿　王博　林文勋*

一、实现培养“某种人”与培养“人”的统一

光明智库：当前全面推进新文科建设，在您看来，这个“新”是相对什么而言的？突出强调新文科建设，是出于哪些考虑？

孙正聿：“新文科”的“新”，首先应当是文科的教育理念之新，集中体现在四个方面：培养目标上，努力实现培养“人”与培养“某种人”的统一；教学内容上，努力实现文明的传承与创新的统一；教育观念上，努力实现提升能力与人格养成的统一；人才评价上，努力实现“上得去”与“下得来”的统一。

人文科学旨在培养全面发展的人、与文明为伴的人，因而需要全面地培养人的德行、智能、情感、意志、理想、信念和情操。文科教育具有崇高的人文理想和深刻的人文内涵。它不仅要使受教育者学习专业知识、掌握专门技能，以成为能够从事某种工作的“某种人”，而且要使受教育者掌握自己时代的价值观念、道德规范和行为准则，丰富自己的情感，陶冶自己的情操，开发自己的潜能，树立正确的人生信念和理想，使自己成为“人”。

文科教育是个体认同历史、社会和时代的基础，也是历史、社会和时代认同个体的前提。新文科建设，最为重要的是在培养目标上实现培养“某种人”与培养“人”的统一，使受教育者真正与文明为伴。

---

* 孙正聿，吉林大学哲学社会科学资深教授；王博，北京大学副校长、北京大学习近平新时代中国特色社会主义思想研究院研究员；林文勋，云南大学党委书记、云南省中国特色社会主义理论体系研究中心研究员。

林文勋：按照培养计划，新文科重点是推动哲学社会科学与新科技革命交叉融合，培养新时代的哲学社会科学家。但新文科并非科技和人文的简单相加，“新文科”之“新”，主要体现在三个方面：

瞄准新方位。新文科既要立足当下，更要面向未来，面向中国教育现代化建设、面向日益走近世界舞台中央的中国、面向中华民族的伟大复兴。这就要求我们着力改造和提升现有人文社会科学，使人文社会科学始终走在时代前列，发挥时代性、思想性、引领性作用。

肩负新任务。新时代中国特色社会主义实践，对人文社会科学的发展提出了新任务，要求我们在学科建设、学术研究、人才培养、社会服务、文化传承创新等方面下功夫，抓好学科体系建设、队伍建设、理论高地建设、课程和教材体系建设、智库和平台建设、国际交流和合作能力建设，开创人文社会科学发展的新阶段。

运用新方法。当今世界科技革命迅猛发展，我们要把握科技革命对人文社会科学带来的影响，更新学科理念，创新学科方法，学会运用现代科技手段进行人文社科研究，着力推进人文社科研究范式革命，不断完善学科组织方式，以新科技激活思想力，开创人文社会科学发展新局面。

二、反思传统文科：关心变化的中国与世界

光明智库：事实上，即使没有冠以“新”字，“文科”对于人才培养、文化传承、国家发展的意义也从来不容忽视。在今天提出新文科之际，是否有必要重新审视人文学科的价值与意义？

孙正聿：文科教育是人类文明传承与创新的园地，不仅是历史文化的传递活动，而且是历史文化的创新活动。文科教育是形成未来的重要因素。它激发个体的求知欲望，拓宽个体的生活视野，培养个体的理论思维，升华个体的人生境界。因此，要审视人文学科的当代价值和现实意义，更好把握新文科建设，必须改变把教育定位为“传授知识”，把教材定位为“标准答案”，把教学定位为“照本宣科”，把文科视为枯燥的条文、现成的结论和空洞的说教的教学状况。

新文科的教育观念，是在专业教育中使受教育者以现代思维方式建构现代的科学世界图景、以现代的价值观念规范现代的行为方式、以现代的审美意识探寻现代的生活旨趣，成为有教养的现代人。新文科教育，必须突出能力培养，特别是理论思维能力的培养。要坚持问题导向，着力培养学生捕捉和把握时代性问题的理论洞察力、分析和提炼时代性问题的理论概括力、阐述和论证时代性问题的理论思辨

力、回答和解决时代性问题的理论思想力。在提升能力和健全人格的相互融合、相得益彰中立德树人，这就是人文学科肩负的重要使命。

王博：在过去的一段时间，我们经常可以听到人文学科萎缩或者没落的声音。这在某种程度上反映出在科学技术的巨大影响力面前，人文学科在当代世界的无力感。与自然科学相比，人文学科的态度相对保守：科学始终面向未来，人文学科更留恋传统；科学直接面对经验，人文学科更重视经典；科学关心客观世界，人文学科更关注社会价值。在剧烈变化的时代，科学技术相对于人文学科的存在感更加明显。这在一定程度上是由学科特点决定的。但基于反思的立场，人文学科应该以更积极的态度面对被科学技术改变的世界，关心变化的中国与世界。

林文勋：爱因斯坦曾经说过："科学虽然伟大，但它只能回答'世界是什么'的问题，'应当如何'的价值目标却在它的视野和职能的范围之外。"当今世界面对的百年未有之大变局带来了新的时代命题，要求人文社会科学作出新的回答。人文社会科学的发展，扎根于时代的脉络之中，以勇于探索的精神回答新时代的重大理论和现实问题，以国家重大战略需求和前沿性研究引领学科发展。只有紧跟时代步伐，回应时代关切，发出时代声音，才能更好地指导社会实践，进一步彰显人文社会科学的价值与意义，使其不断焕发生机与活力。

在这方面，学术史上的"魁阁时代"可以给我们诸多启示。20世纪三四十年代，吴文藻、费孝通、许烺光、陶云逵等一批学者齐聚云南，在边疆开创了中国社会学，铸就了中国人文社会科学发展的"魁阁时代"，留下了宝贵的学术遗产。同时，魁阁学人始终把自己的学术研究融入时代之中，坚持知行合一，把文章写在了中国大地上。那个时代虽已离我们远去，但它留下的大批学术精品和魁阁精神却经久不衰，历久弥新，在时代激荡下焕发生机与活力。

三、打破壁垒，着力推进融合教育

光明智库：现代教学分科在越来越专业化、细分化的同时，交叉化、融合化的趋向也越来越明确。如何看待这种"分分合合"？

王博：由知识和学术分工而来的学科分化，极大地促进了知识的进步和对于世界的精细认知。对局部和细节的研究越深入，对学术整体性视野的需求也就越强烈，跨学科的综合协同成为哲学社会科学发展的动力。

新文科建设强调学科交叉，反映了目前学科发展的新趋势，也为传统文化的传承、弘扬和创新发展提供了新的机遇。数字人文就是近年来新兴的文理交叉领域，计算机和多媒体技术的专家与人文领域的研究者合作，使数字仓储、文本挖掘、数字图书馆、虚拟现实、信息可视化等信息技术在人文领域得到应用，为传统的人文研究和教学提供了新的研究方法和研究范式。

林文勋：新文科的显著特征就是交叉融合，融合就是互动、创新和突破。推进新文科建设，关键就是要打破院系专业之间、学科之间、学科与社会之间的壁垒。因此，要着力推进融合教育，把教书和育人有机融合在一起，把学科建设与专业建设有机融合在一起，把教学内容与学生对现实社会的认识有机融合在一起，努力培养具有批判精神、独立思考能力、高度社会责任感、跨学科知识和国际化视野的高素质人才。在人才培养过程当中，既要考虑学生在校期间的培养，又要考虑学生的长远发展，立足时代培养人才。

孙正聿：新文科的人才培养目标应当是双重的：既要培养“上得去”的学术研究型人才，又要培养“下得来”的应用操作型人才。为此，必须改变长期以来既“上不去”又“下不来”的知识储存型的人才培养模式。

四、夯实构建人类命运共同体的人文之基

光明智库：未来之中国，必将以更加开放的姿态拥抱世界、以更有活力的文明成就贡献世界。您认为，在推动文明交流互鉴方面，新文科承担着哪些使命？

林文勋：人文社会科学始终关注人类的前途命运，致力于揭示现实事物和外部世界的规律，为解决人类社会的发展问题提供理论和方法论基础，因而成为人类认识世界、变革世界和完善自身的强大思想武器。当今时代，在深化文明交流互鉴和构建人类命运共同体的过程中，人文社会科学承担着重要的职责使命。

具体而言，包括人才培养的职责与使命。人是文明交流互鉴最好的载体。只有培养出具有世界眼光的高素质人才，才能通过发展跨文化交流，促进民心相知相通。新文科建设要不断将学科优势转化为人才培养优势，培养出具有国际视野和跨文化交流能力的人才队伍。

文化传承创新的职责与使命。新时代人文社会科学的发展，就是要将文化传承与创新相结合、科学精神与人文精神相结合、文化育人与文化引领相结合，推进中国特色社会主义文化大发展大繁荣。

服务经济社会的职责与使命。新时代人文社会科学的发展，必须以服务国家战略和区域经济社会发展为目标，追踪学科前沿，不断加强咨政建言、服务社会的能力，提升为人文社会科学社会服务的贡献度与美誉度。

国际交流合作的职责与使命。当前，中国日益走向世界舞台的中心。新时代人文社会科学的发展，应该不断推进跨国研究、合作与交流，拓展学生的国际视野和跨文化交流能力，为携手构建人类命运共同体蓄积青春力量。

王博：从学科建设的角度，携手构建人类命运共同体要求新文科建设在坚定中国文化主体性的同时，拓展国际视野、秉持天下情怀，更自觉地把中国所处的世界作为重要的研究对象，强化区域国别研究，形成对于世界各个国家和不同文明的客观认知。

人类命运共同体理念蕴含着平等、互鉴、对话、包容的文明观。近年来，北京大学通过南南学院和燕京学堂等项目，积累了丰富经验，既提供了让不同文明背景的人共处合作的空间，也为未来世界提供了彼此联系的纽带。这提示我们，要让广大青年学子知中国、懂世界，不断夯实构建人类命运共同体的人文基础。

（原载《光明日报》2019 年 7 月 23 日）

新文科建设背景下艺术学科综合性发展的思考

周星　任晟姝*

2019年4月29日，教育部、中央政法委、科技部等十三个相关部门在天津联合启动《“六卓越一拔尖”计划2.0》，明确提出全面推进新工科、新医科、新农科、新文科建设，旨在切实提高高校教育服务社会经济发展的能力。2019年也成为我国高等教育改革新文科建设的启动元年。早在2017年，美国希拉姆学院就率先提出了“新文科”概念，主要是指对传统文科进行重组，实现文理交叉，强调把新技术融入哲学、文学、语言等传统文科课程中，为学生提供综合性的跨学科学习平台。国内有学者认为：“新文科是以继承与创新、交叉与融合、协同与共享为主要途径，促进多学科交叉与深度融合，推动传统文科的更新升级，从学科导向转向以需求为导向，从专业分割转向交叉融合，从适应服务转向支撑引领。”① 还有学者强调：“新文科要关注新的研究问题、新的研究方法、新的理论视角等。”② 本文就将以对新文科建设的宏观思考为切入点，对新文科背景下的艺术学科发展进行分析和展望。

一、背景：新文科思考前提

探讨“新文科”首先要立足于传统文科解析，然后再探讨新文科建设。换言

---

* 周星，北京师范大学艺术与传媒学院教授，教育部戏剧与影视学类专业教指委主任，教育部新文科建设委员会成员；任晟姝，北京师范大学艺术与传媒学院讲师。

① 王铭玉、张涛：《高校“新文科”建设：概念与行动》，《中国社会科学报》2019年3月21日，转引自张俊宗：《新文科：四个维度的解读》，《西北师大学报（社会科学版）》2019年第5期。

② 李永杰：《推进新时代文科建设》，《中国社会科学报》2019年6月3日，转引自张俊宗：《新文科：四个维度的解读》。

之，“文科”称谓及其存在是我们研讨的立足之本。只有明晰所谓的“老文科”已有的价值体系和固有优势，并在此基础上探索新的建设思路，才能切实有效地推进教育部推广倡导的新文科宏图。所谓“新文科”并非是“白手起家”或是“另立山头”，而是建立在成熟文科体系基础上的延展改造和丰富性拓展，也许在“新文科”架构中会出现传统文科不曾涉及的学科领域或边界，然而这种突破更体现了学术包容性和创新融合思维。新文科并非是一个“横空出世”的新学科设立，而是立足并服务现实需要的全新开拓，因此就必然排除试图创造一个前所未有的新文科的假想及前提。这正是我们讨论问题的出发点。

文科，简而言之就是人文和社会科学的统称。传统文科在人文和社会科学之中又包括了多样化的学科构成。其中，艺术所在的人文学科之中，和艺术能够相互扶持及借鉴的其他人文学科，共有的特点乃是依循于人的成长需要而形成的学科体系，也就是搭建以人的成长、人的培育和人的精神价值建构为立足点的人文和社会科学体系。因此，传统文科最核心的价值就是“以人为本”，从人的思想、情感、人格培育、精神道德的哺育出发，也就意味着学科群落都需要以“人”为基本出发点，而并非是以客观物质规律为起点。人文学科的灵动复杂性，不同于固有科学规律的唯一性。无论是对于旧文科还是新文科而言，“人的需要是基准”这一文科特性，须臾不可缺少。从某种意义而言，新文科就是从不同角度来增厚传统“文科人”的气质，借助于超越文科的多样学科的经验和方法，助力文科的建设更为丰盛多元，由此，新文科的拓展依然应该以延续传统文科对人的特性的定焦为基础，关注人的心理需求、情感需求的成长和教育，以满足人的不断丰富的精神需要为改革宗旨。

艺术，是新文科中人文学科板块非常重要的组成部分，是人文学科乃至整个文科中对“人的要素”最为坚守的学科。事实上，艺术就是辅助人在物质外在条件受限时启动整个人全面成长的精神内力，是对人期望更快、更多发展的情感要求给以满足的过程，同时，对人和人之间如何做到秩序突破提供注解。艺术的不同门类都专注于创造想象，从而去满足人的心理情感需求。可以说，艺术就是以人作为基础点，不断去满足人的精神情感无限生发的可能。艺术的生发是从无到有的，因而，必须要创造性地挖掘人对于心理情感精神所需要的各种形式，无论是书法、戏曲、美术，还是影视、音乐、舞蹈肢体的伸展等等，都出于人类试图挣脱既有束缚而创造满足内心需要的本能。音乐旋律的促发是人类对于想象性空间的一种激荡情感呼唤，书法艺术在起伏转折之中表现了人类对线条的创造性发挥，而作为后起之秀的影视艺术更是在搭建视听奇观的过程中借助技术条件去创造人类期望变现的幻想，完成现实中的心理情感满足。上述描述的要义是为了说明，文科的出现是基于满足人的中心需求以及学科教育的划分而出现的。其中的艺术学科，无论是哪一门具体门类都产自于“人”这一创意机体，即身处自然世界中试图突破物质障壁而去延伸精神世界的幻想。

因此，可以说，传统文科已经锤炼出比较丰满的艺术学科、人文学科乃至整个文科体系，其中，不同学科门类保持自身固有体例，相互分野而又彼此融合，成为“人”的成长多样性的互相支撑。但是，问题却在日渐凸显，在传统文科中，由于为了巩固学科自洽以实现学科发展目标，对于人的需求的专一性，逐渐形成了相对封闭的发展模式，不同人文学科不由自主地要实现某一个部分的特定规则，因而，这种自成体系的学科框架乃至于区划方式，最终阻断了“人”的成长的整体性与全面性。在传统的人文学科交流中，早已出现呼唤彼此之间更多交流的“呐喊”和期盼，而新文科的建设目标，则创造了一个撕破传统、探索弥合的新机遇。

二、“四要”：新文科建设路径

新文科建设是新时代发展背景下提出的跨越式学科发展新命题，而对于艺术学科在新文科背景下的相关思考，也成为新文科建设不可忽视的重要议题。笔者认为，在尚未具体定义新文科模式和概念所指的时候，我们需要从人文社科不同学科期望的角度，研讨新文科可能拓展的内涵指向，从而脚踏实地作出自身专业的相关探索，从而从根本上助力于新文科建设的宏观目标。

（一）改革出发点

关于新文科的认知尚在探索之中。问题主要围绕着什么是新文科，在既有文科基础上提出新文科的切入点是什么；新的文科应该呈现什么模样；它应该包括哪些要素，它的发展的目标和趋向是什么；而其中最核心的问题是，新文科建设之中艺术学科应该如何适应新文科的发展，它在新文科体系中的价值和贡献是什么，又当如何发挥本身特性，担当起成为新文科重要板块的职责。

毫无疑问，传统文科与理工科的最大区别在于，理工科试图探究“人”之外的科学发展规律，而文科则围绕“人”的发展需要来构建学科。然而，在传统文科内部，社会科学与人文科学也存在着显著差异，传统自主自立的、单一性的文科构成很难将二者融合、协同发展，例如，无论是新闻学、文学、哲学等都自成独立的学科体系，各自有体系内健全的逻辑关系、理论基础和学理框架，长期的单一性文科建设思路，使这些学科成为一种固化的学科体系。显然，新文科建设中所要面对的首当其冲的挑战就是对于传统文科各学科之间关系的重新定位、调整甚至于极大程度地聚合。

（二）传统文科形态

传统文科在长期运行中已然形成了一套逻辑自洽的学术体系，不同的文科门类之间有着泾渭分明的分界线，也有不同的学科理论支撑，彼此并不互相往来而呈现独立性。例如，以中文学科为代表的学科体系就涵盖文学理论、文学史、文学批评等等，在这套成熟、严密、自循环的理论研究范式内，其他学科思维很难真正融入其学术体系。从中可见，传统文科形态内单一学科自身的排他性。

1. 传统文科更注重于学科体系的理论化构建，实践性的地位和理论性的学科建树之间构成了一种被领导和领导的关系，因而，不可避免会出现研究过程和结果忽视了与社会现实的关联。

2. 传统文科对于跨出学科疆域的、创造性的内容，通常采用一种排斥抵触的姿态，恪守自身领域的严肃性，逻辑自洽为基本法则，因而，难以实现跨越学科的交融和认可。学科的跨越是符合社会发展规律和现实需求的，因为，“万事万物都有着密切的联系，任何学科的建设都要强调宽口径、厚基础，我们的文科一定是适应科学技术发展、拥抱科学技术的新文科，实现文科、理科、工科、农科、医科等不断交融交叉的新文科，是与互联网、大数据、人工智能、基因工程等密切联系的新文科”①。

3. 由于传统文科不同门类各自具有独立的话语体系，一般而言，超越这一话语体系，就成为另外一个学科的专业范畴。例如，同属艺术门类中的音乐与舞蹈、美术与设计、电影与电视等，专业差异明显。即便在同一艺术门类之内，彼此之间也是完全不同的封闭体系，专业交融在很长时间内是难以达成的。尽管戏剧学与影视学已经具有共通性的“表演”一级学科，但影视表演和戏剧表演之间的差异还是显而易见的。随着实践推进，两种“表演”也在探索中相互借鉴，但彼此之间对于外在体系的接纳也仅仅限于借鉴和参照，并未影响自身既有体系规则的根本性改变。就艺术学科内部而论，也时常有对于“艺术学理论”的质疑：“艺术学理论总被一些以内部专属学科的理论者和创作者所质疑，以为没有超越具体艺术形式的艺术学理论，甚至于反对超越具体艺术的理论存在，主要理由无外是没有共通性的‘艺术学’只有具体的艺术对象的艺术学，何况具体的音乐学理论、美术学理论等

① 杨灿明：《从四个维度来看新文科之“新”》，《中国高教研究》2019 年第 10 期。

已经顺理成章，何以冒出个涵盖音乐、美术、戏剧、舞蹈等等艺术的理论？”①

4. 传统文科体系中相当一部分人文学科是偏重经验哲学和理论研究的，而社会科学研究中常用的量化研究方法还不太被人文学科体系所接纳。然而，观念形态的研究固然重要，但是量化方法和数据介入必然为文科相关专业研究提供更为丰富的视角。事实上，对大数据等量化方法的认知常常不太容易进入人文学科体系，而这很容易导致学科发展与时代产生距离，远离社会实践与现实需求的不足在不少文科专业中依然存在。其实，新技术手段为文科研究提供了更多可能性，例如在文学领域，借助计算机科研手段对《红楼梦》进行大数据解读，通过对关键词重复作截取分析，就获得了全新的研究成果，开启了新的研究思路。

5. 传统文科在社会科学和人文科学之间也存在着明显壁垒，因为概念的差别已然将传统文科划分成为两种不同体系，而随着这种差别不断积累，传统文科内部也变得日趋割裂。而实际上，二者在许多层面相互之间形成了密不可分的关系，即所谓社会科学的客观规律性离不开对于人文意义的牵扯，而人文学科对科学规律的追寻也必然需要拉近与社会科学的距离，毕竟都是人类对于生存世界的理性认识。

6. 传统文科在面对互联网智能时代的变化时普遍反应迟滞，这主要是因为局限于纸质文本时代学习滋养和传播特性所困，尤其是对于网络所生发出来的热点现象的学术关注和评判依然有明显的抵触姿态。事实上，“信息技术与人文社会科学的融合已经成为一个国际趋势，新文科建设是实现哲学社会科学与科技革命交叉融合在高等教育的实践”②。

（三）新文科建设的“四要”

在透析了以上六点现状形态后，不难窥见传统文科正在遭遇的发展“瓶颈”，而这也成为建设新文科的价值所在。针对当下新文科的建设和发展，笔者提出“四要”思考，即要有所聚合、要彼此借鉴、要敢于突破、要继承创新，作为新文科建设的突围路径。

1. “要有所聚合”对于各个学科而言均是必不可少的转型方向。事实上，经过多年的学科发展积累，无论是艺术学科还是人文学科，都已经迫不及待地开始了聚合实践。例如，艺术综合性的呈现日益凸显，影视、戏剧、文学之间的相互关系渐趋紧密，不同人文学科都对哲学学科有所呼应等等。对于艺术学科而言，聚合的实践早已开始。例如第五代导演张艺谋，即是从摄影专业到表演专业不断跨界转行，

---

① 周星：《中国视角与当代价值——关于艺术学理论认知相关问题思考》，《艺术工作》2019 年第 6 期。

② 周毅、李卓卓：《新文科建设的理路与设计》，《中国大学教学》2019 年第 6 期。

最终成为享誉国际的知名导演；又如，从人才培养角度考察，一方面，专业表演人才在影视表演和戏剧表演之间的跨越成为惯例，另一方面，近年也有越来越多的专业舞者跨界转型成为影视演员，而毫无学科障碍。其实，作为一种综合性艺术，影视学科从创建伊始就横跨不同学科，从我国影视学科创建历程来看，20 世纪 90 年代，在国家影视大发展的背景下，影视学科的建设蔚然成风，尤其是很多综合性大学开始兴建影视专业，这些学科专业的前身或来源于文学、传播学相关专业，或来自电教技术（教育学）相关专业，或发展于美术、设计、摄影、视觉艺术等相关专业，可见聚合的多样性对于新专业的创设和转型，早有成例。

2. “要彼此借鉴”是新文科的发展方法。同一学科门类之内自身的借鉴是非常纯熟的，艺术学理论的学科，必须要对于艺术实践类的学科进行借鉴，将技术实践的能力和经验提升为理论案例，成为理论学科自身丰富的重要途径。然而，不同门类、不同学科之间的相互借鉴在“新文科”建设语境下显得更为重要和迫切，例如，影视学科特别是电视学科，和新闻传播学科之间在理论观念、理论支持与新媒体学习之间的借鉴，成为必要之举，与此同时，影视学科的发展和文学学科的发展越来越密切，影像与文字互为“镜鉴”的交流过程，对于彼此的学科发展都具有重要意义。

3. “要敢于突破”是新文科的探索手段。按照美国人类学家戈登威泽所描述的，文化模式形成一种相对稳固的内部发展模式后，就“内卷型”增长甚至出现无法发展的趋势。在不同的学科自我发展蜕变中都形成了一种相对闭环的学科体制，学科稳健发展确实离不开自身有一套稳固的、逻辑的、自洽的体系，以确保独立性。但是在迅疾发展的时代语境下，尤其是互联网智能时代的浪潮下，“内卷型”的学科体系，已经无法适应人才的培养需求，因此，新文科建设的重要意义，不是摧毁旧有学科体系，而是要打破“内卷型”困局以兑现突围式的学科发展。实际上，在艺术学科之中，跨越自身学科壁垒，而逐步扩大和其他学科之间的借鉴与交流，已经成为常态化发展方向。例如，当下越来越多的舞蹈教育理念倡导打破程式、超越舞蹈舞台，反对只以技能技巧展示为基础的单一指标，而注重可以培养出面向实际综合性需求的艺术人才。又如，设计学科原本依附于美术学科之内，却以强大的社会实践力量而突破美术学科、独自设立，并且与工科相互承认学位，这也是一种相当明显的学科跨越。此外，动画与新媒体学科原先也归类于戏剧影视学科之中，但逐渐因为学科发展的特殊，促成了这一学科的独立命名。可见，“要敢于突破”使许多传统学科打破了建制设立上的固有枷锁，而呈现出新的发展机遇。

4. “要继承创新”是新文科发展的检验标尺。新文科是对于旧有文科体系在继承基础上的拓展甚至翻新，需要注入大量新鲜的血液和新鲜的内容，在对传统学科体系逻辑性的尊重下，在研究方法、实践方法、表述方法上展现更多的创新思维。因而，新文科的理论视野必将更加开拓，在自身学科视阈外也关注不同学科的发展，并借鉴其他学科的学理思想、技术手段、理论方法等等，因而，新的文科体系必然呈现出不断融合、扩展、日益综合性的新趋向。

三、方略：新文科建设探寻

新文科建设作为新时代学科转型升级方向还在不断探索完善中，因此，从不同视角出发必然会有全然不同的设想，但笔者以为需要关注三个层面的核心问题：第一，明确两大任务——内补和外输；第二，落实三个核心点，即面对发展的综合性的学科要求、面对智能时代的学科要求、面对互联网时代的学科要求；第三，在新文科建设中需要从整体上协调三个层次的探索，包括新文科的观念形态和学科理论体系探索、新文科的专业建设探索、新文科专业的课程逻辑探索。

（一）两大任务："内补与外输"

"内补与外输"是新文科构建以及具体学科拓展过程中最为关键的两大任务。所谓"内补"，主要指新文科整体建设历程中，宏观上的自我补益与相互之间的借鉴。新文科界域内的学科发展，首先应在自身的学科体系内部有更多的融通和汇合，即对于自己相近的学科能够更多的借鉴、改造和生发。例如，艺术学科其涵盖的音乐、美术、舞蹈、戏剧、戏曲、影视等不同的学科领域，彼此存在很多的艺术共性，已经有许多可以相互借鉴和彼此相容的所在。因而，新文科建设中，艺术不同领域彼此之间学习、借鉴和相互参照是必不可少的。其次，扩大视野，在人文科学、社会科学的相关体系中相互借鉴、彼此验证，以艺术学科为例，作为人文学科的一类，受到同一学科体系下的不同门类的深刻影响，文学、政治学、哲学、法学、历史学、经济学等都对艺术学研究有不同程度的"浸染"，例如，文学为艺术学创作提供了可供改写的文本素材，历史学给予的历史观点、历史经验能使得艺术在创造中更富有恒久的魅力。

所谓"外输"，主要是指某一个特定学科应该对整个新文科建设奉献独一无二的价值和力量。以艺术学科为例，其对于整个新文科建设最为重要的外输能力就是给予其他学科审美能力。艺术的核心功能在于塑造审美感知力，包括审美思想、审美方法、审美的精神锻造和审美的情感满足等等。对于不同学科而言，通过艺术的熏染能够帮助不同的研究者、受教者建立起对于审美的基本认知，而围绕着人的精神情感的提升而进行的学科建设正是艺术学科的发展使命。艺术教育应该不遗余力地为人文社会科学乃至于理工类学科，输送强化审美价值理念和判断标准，把艺术审美的理念、方法与对人的锻造相结合，有针对性地给予不同的人文社会科学和理工科以艺术审美的感知力，以及为一些学科的理论研究给予形象化的再现手段，从而，辅助抽象的科学理论更适于大众接受。事实上，作为世界理工科大学中的翘楚，麻省理工学院就始终坚持“把人文、艺术和社会科学作为教育伟大的工程师、科学家、学者和公民以及保持学校创新能力的基础”①。

（二）三大核心点

在新文科建设的进程之中，面对发展的综合性的学科要求、面对智能时代的学科要求、面对互联网时代的学科要求这三大核心问题，是新文科“修炼”最为重要的目标。

首先，注重面向综合性人才培养的学科体制建设必不可少。时代的发展越来越需要综合性的学科、综合性的人才和综合性的能力，来承担新时代的建设使命。必须承认老文科的分科体系也是人类精细化的、对于学科认知的一种准备和成果。分工细致、术业有专攻是老文科最基本的基础。人的视野有限、知识有限，老文科以分工而聚合在一起的模式对于学科的发展、教育的进步都起到了积极的作用。无论到何时，各自术业专攻的优点都不能丢弃。但是问题在于，人类已经进入了很高的知识学习和运用阶段。社会需求的激增，使人才的培养目标越来越趋向于向综合性的人才培养。20 世纪 80 年代大学生还凤毛麟角，而 21 世纪初研究生教育就已经普及化，可见，不是知识贬值了，而是社会对人才的需求水涨船高。事实上，高级人才综合素养的要求和学科融合的要求越来越明显。

在智能时代逐步到来的时刻，再次强调学科的综合性，打破成规壁垒，在原有的精细分工基础上，更多地交融人文学科和社会学科也成为“新文科”众望所归的重要原因。因而，必须始终坚守新文科扎实基础背景下的多学科之间的知识交融的意义。互联网、智能时代对文科的革新要求迫在眉睫，新文科必须直面这种社会需求，这是因为“在数智互联网面前，远离移动和链接的文科或许会因陈腐僵化而被遗弃；而失去调控的科技则会像无头之兽一般充满隐患。近年来接连由‘基因编辑婴儿’‘隐私泄露’等科技事件引发的公众焦虑和伦理恐慌无不表明，对于文理关联的时代之新，无论人文抑或理工其实都没做好准备”②。在新工科、新农科、新医科建设走在前面的基础上，文科的创新不是需要与否，而是必须大步向前。显

---

① 石云里：《“第三种文化”视野中的新文科》，《探索与争鸣》2020 年第 1 期。

② 徐新建：《数智革命中的文科“死”与“生”》，《探索与争鸣》2020 年第 1 期。

然，在这一进程中，各个学科之间都会有更多的交融，因此，新文科建设的目标也就是培养综合性的人才来承担、适应这样的时代发展需要，既要术业有专攻，同时要赋予术业专攻新概念、新思路，“专攻”也是有其他学科给予支撑的新的“专攻”。

此外，在新文科建设进程中，必须正视互联网、智能时代的全新语境。互联网的蔓延使得学科边界不断扩展，相应的研究与教育均离不开互联网的吸纳和学习，而智能时代更提供了无限可能，因而，培养人才的目标应该面向未来，接受互联网、智能时代对传统学科教育体系的巨大挑战。

（三）三种探索

在新文科建设过程中需要整体协调三个层次的探索，包括新文科的观念形态和学科理论体系探索、新文科的专业建设探索、新文科专业的课程逻辑探索等。

首先，新文科的观念形态和学科理论体系的探索。既往的学科理论依据是建立在传统文科基础上的，其特征是自身的封闭性和内卷性的发展形成了自立的规律。但随着新文科的建设，必然朝向一种综合性、拓展化，面向实践，针对互联网智能时代的方向发展。由此，学科的理论依据，必然是借鉴多样的人文社会科学的综合性的理论思辨，来强化新型学科的建设，配备更为开阔的国际视野，更扎实地应和社会发展需求，在超越既有的学科限制中创建和社会实践要求更贴合的理论体系。

其次，新文科的专业建设探索。新文科专业设计和布局应当在以往学科专业理论支撑的优势继承基础上，进行增补调整、有所不同，即专业支撑体系更多要兼顾综合性人才培养和面向时代发展的总趋向的人才培养的学科体系要求；理论上的高视野和跨学科性与实践中的高科技与践行的可行性之间的结合。这样的新文科专业设计，有可能会超越既有的学科壁垒，兼容于甚至扩大于自身学科和其他学科之间的关系，乃至于更多地将理工科的一些思维模式引入，而最终呈现出综合性的人才素养专业拓展。

再次，新文科专业的课程逻辑探索。新文科专业的人才培养逻辑必然会大不相同，因而，在人才培养体系上，需要在一些课程改革和设立上作出调整，给予国家紧需的、贴合时代发展方向的新设课程更多鼓励。对于新兴的综合性的学科、有助于人本滋养的学科以及提升审美能力的学科，应该强化在课程上的普及和推广，尤其是综合性的审美文化课程和培养学生基础文化观念及理论的课程，应该与以往有显著区别，而实践性的课程设计也应该更多地满足面向社会发展尖端和前沿的需求，以触发学生的思考和创造性作为教学目标。正如有学者所言：“新文科在教学方面要推进教学改革，这其中最重要的是改变学生对知识的认知个性。要设法通过我们的教学改变学生对知识的态度，让他们从将知识当成永恒真理转化为当成一种可建构的并需要通过探索、讨论、辨析、批判等方式达成的阶段性共识。在知识去真理化的同时，阻碍知识探索的难度会相应降低，对探索新知识的热情会相应提高。”①

四、案例：新文科建设策略

如何建设新文科还在论证中，但在继承老文科学科厚实基础和传统上的新探索是必要的，尤其是作为艺术学科中的重要组成部分的戏剧影视学科，其中核心构成部分理当为新文科建设作出探索和表率。认定戏剧影视学专业为新文科建设中较为典型的案例，原因在于，戏剧影视学既往已经在学科融合、与其他学科门类的互渗中彰显出自身的灵活性、包容性等特征。因而，面对新文科建设大势，戏剧影视学研究可以在以下方面进行拓展和思考：（1）新文科建设指导下的戏剧与影视学基本理论的建设；（2）戏剧影视学和新闻学、传播学、计算机科学相结合的新文科特征的研究；（3）戏剧影视学和相近的艺术学科之间的借鉴、相互渗透、输入输出的研究；（4）戏剧影视学理论基础构建与综合性特色、基础性学理与实践性关系的研究；（5）戏剧影视学和新闻传播学科、互联网学科之间的交融突破研究；（6）戏剧影视学中影视学科之间的交融、整合和提升研究；（7）戏剧影视学通识课程和专业课程、实践课程之间关系的研究；（8）戏剧影视学专业学位和理论学位，以及与实践学科之间关系的研究；（9）戏剧影视学创新人才培养的研究；（10）戏剧影视学建设中的师资质量和要求配备的研究；（11）戏剧影视学本土化基础构建与面向世界的专业技能的关系研究。显然，在这其中最为关键的是观念上的认知，包括对于打破学科藩篱的戏剧影视学综合性思路的拓展；面向互联网、智能时代的戏剧影视学实践性学科的设置方向思考；戏剧影视学自身的综合性、人文素养和审美精神培育的要求等。

（一）打破学科藩篱的戏剧影视学综合性思路的拓展

戏剧影视学科尤其是其中的影视学科，是艺术学科中最为晚近出现的学科门类，但却有机综合了艺术多学科的优势，成为当代最受瞩目的艺术样式。从先天角度而言，戏剧影视学在剧作上以戏剧的剧作为基础，融合音乐、美术、舞蹈、设计等多学科的优势而最终成型。在近几十年的发展中，它既延伸发展出电视剧艺术，更成为互联网时代视觉艺术的载体，呈现出包括短视频、微电影等形态幻影。因

① 吴岩：《“守城”到“攻城”：新文科建设的时代转向》，《探索与争鸣》2020 年第 1 期。

此，新型影视学的学科设置，和传播学、网络艺术、视觉新媒体等等都有更多互动，并且将越来越具有更深度的适应智能时代文化消费模式的优势。

在影视教育体系中，导演、表演等身份定位其实都符合综合性人才培养要求。以导演行业为例，电影创作中的越界现象趋向明显，多元背景成为主要潮流，在专业分工明晰的既往，作为导演的职业是专一的。但显然，从第五代开始，专业跨界逐渐出现。作为依然活跃在执导行业的顶尖导演，张艺谋就是从摄影转向导演，姜文从演员成为导演，冯小刚从剧组美工和编剧起家成为导演，但显然越来越多的非专业导演，甚至非专业电影学院毕业者成为执掌导筒的重要构成。笔者参考来源于猫眼电影专业版的公开数据，作品累计票房占先的导演，本科专业出身更多非科班，从中可以窥见变化趋势。由此强化综合性人才培养，和专业性人才相互配合将成为新趋势。

（二）面向互联网智能时代的戏剧影视学实践性学科的设置方向

影视学科经历了一段从精英的仪式到大众的影视的转变过程。从只有精英参与、小众型的北京电影学院的全学科分工的人才培养模式，以分工细致作为教学基础，导演、表演、美术、录音、后期制作等的学科分工自成体系，在很长时间中，为中国电影发展作出了重要贡献，因此在学科建制中一直是以分工细致的学科体制来统辖电影创作。从 20 个世纪的 90 年代开始，综合大学的影视学科开始拓展，适应着时代对于影视教育的新要求，多种多样的影视学科体制，打破了传统的学科建制，无论是专业设置还是课程的设置，都取决于不同学校的发展定位和特色，依据自身的情况特别是适应着时代的发展来开拓新的影视学科体系。由于综合性大学的影视学科多数是出自中文学科、教育技术学科、新闻传播学科，也包括在美术学科中的摄影学科等等延续开来。他们所依托的学校有更为丰富的综合性的学科基础，所以从最初似乎是专业发展“短板”变成了具有综合性优势的“长板”。而在数码时代之后，从电影到电视到 DV 电影的创作，综合性的学科也不断发挥出他们各自的业态优势，而形成中国影视学科庞大的队伍。随着影视学科进入 21 世纪的发展，各种形态的网络电影的出现更扩大了学科的延展方向，VR/AR 等的应用，又促使着影视学科发生新的变化，而当下互联网视频时代又让影视学科再次经历着传播渠道的变化所带来的受众需求的巨大转型。在当下抖音、快手等新视觉媒体以迅疾的速度吸引着现代人们，改变着对于影像的固有认知，因而我们的影视学科和影视教育，必须适应这样的时代革新传统戏剧影视学。

（三）戏剧影视学自身的综合性、人文素养和审美精神培育的要求

传统戏剧影视学科的理论研究多借助于文学、哲学、新闻传播学、经济学等相

关人文社会科学的学术方法，而随着戏剧影视艺术大众文化属性的不断凸显，戏剧影视学科展现出更为丰富的包容性，尤其是对大众审美的关照和引导，成为戏剧影视学科的重要研究视角，而这也体现了戏剧影视学的综合性，即对经典理论和大众文化都予以吸收和接纳。同时，在理论研究之外，戏剧影视学建设还承载了更为重要的应用价值，即借助现代影像技术传递视听艺术表达。在新文科背景下，戏剧影视学的社会影响力越来越大，戏剧影视创作中的影像呈现与文化书写对于新一代年轻人，其影响力与召唤力相比其他艺术形式无疑更加具有优势。在此基础上，戏剧影视学科所承载的责任也就更大，因而，也必须承载更为综合性的人文素养来强化学科建设，同时始终将审美精神灌注在戏剧影视艺术表现中，传达给年轻的受众群体。综上所述，戏剧影视相关专业应该在新文科的整体建制中发挥更大的作用，它理应和整个艺术学科一起，强化人文素养和审美精神。

五、结语

艺术学科是最强调审美构建的学科，当下，不同的艺术学科之间已经开始跨越单纯的技巧藩篱，而是将审美价值的挖掘提升到对审美承载者和主要实施者的依赖中。传统的艺术学科往往对艺术技巧更为看重，然而，树立更为崇高的审美理想才应该是作为学习艺术最重要的追求目标，这也是艺术学科的建设使命。实际上，对于新文科建设而言，艺术思维真正渗透进各个新文科领域并带动相关学科对于审美的认知极为重要。艺术承载着审美形象的再现功能，但是否达到了审美精神和情感表现的和谐完美，却需要通过艺术教育的学科观念、专业设置以及课程引导来确认。因而，整个新文科建设无疑始终需要渗透审美理念和文化精神，来促使新文科发展具有更为触动人心的因素。艺术思维在新文科建设中的融会贯通会打破老文科的刻板理性，而赋予其更多的感知力和信服力。因此，新文科背景下的艺术学科应更加关注个体艺术技巧和综合艺术素养熏陶二者间的尺度。要把握住艺术技巧仅仅是实现审美的手段，而审美精神才能从根本上提升艺术的价值和理念。最终，艺术学科将带着自己独特的形象思维和情感表现，渗透融汇到整个新文科之中，活跃而且渲染新文科的簇新魅力。

（原载《南京师大学报（社会科学版）》2020 年第 3 期）

新文科专业建设的思考与实践：以北京语言大学为例

刘　利*

2019年初，教育部、科技部、工信部等13个部门正式启动“六卓越一拔尖”计划2.0，全面揭开了“新文科”建设的序幕。新文科建设工作启动以来，高校理论界和高校管理者展开了广泛讨论，提出了很多建设性的观点，不少高校相继召开专题研讨会并出台举措，积极探索新文科建设的实践路径。

新文科建设是中国高等教育改革的一种新理念，是在习近平新时代中国特色社会主义思想的指导下，立足于整个高等教育的改革发展，着力“解决整个文科教育长期以来积累的弊端，从而改变我国高等教育结构布局中学科发展不平衡、不充分的问题”①，培养适应时代与国家发展需要的合格人才。新文科建设是提升我国哲学社会科学高等教育质量、创新文科人才培养机制的战略举措，不仅内涵丰富，而且意义重大。诚然，关于新文科的内涵目前还没有十分明确的界定，对于诸如新文科新在哪里、怎么建、对教师和学生有什么新要求和新影响等问题，也没有形成清晰具体的结论。但是，作为革新传统文科教育的一种新理念、新思想，高等教育领域对它的重要意义已经形成广泛共识，则是可以肯定的事实。

一、新文科建设的必要性

（一）时代发展需求

新科技革命和产业革命带来了人工智能、大数据、虚拟技术等很多技术的突

---

* 刘利，北京语言大学校长、党委副书记。

① 马世年：《新文科视野下中文学科的重构与革新》，《西北师大学报（社会科学版）》2019第5期。

破，推动传统业态转型升级并催生新业态，对人才提出新需求，倒逼传统专业优化升级或建设新专业等。同时，科技革命也带来了研究范式的转变。以往遵从提出问题、搜集数据再进行验证的逻辑，今天则可以是“先有大量的已知数据，然后通过计算得出之前未知的理论，更多关注的是问题或数据之间的相关关系”①。因此，传统的文科教育必须应对新技术带来的挑战与机遇。

（二）国家发展需求

习近平总书记在中国教育大会上指出，要不断使教育同党和国家事业发展要求相适应、同人民群众期待相契合、同我国综合国力和国际地位相匹配。伴随中国逐渐走向世界舞台的中央，成为全球发展的贡献者和世界和平的建设者，提升国家软实力、巧实力和世界范围的话语权，亟须培养一批能够参与全球治理，适应全球新格局的高素质国际化专业人才。同时，提升中华民族的文化自信，培养中国传统文化的传承者、研究者、传播者，实现传统文化的创造性转化和创新性发展，也需要文科教育与时俱进，优化升级。

（三）学生发展需求

文科专业人才除具备专业知识外，还需要具有较强的分析问题能力、使用智能工具能力、团队合作能力、沟通能力以及终身学习能力等。今天的学生，比以往更加追求个性化发展，有更多个性化需求，而以往不同院系专业之间的森严壁垒，使学生进入大学后难以共享优质资源，普遍存在着有的学生吃不到，有的学生吃不饱的情况，从而限制学生发展的自由度。另外，由于以往文科专业设置与社会需求的不对应，一些学科专业低层次重复建设严重而有些学科专业社会急需却发展缓慢。而且，不少文科专业在教育内容上存在着理论与实践脱节的现象，过于强调理论和思辨能力，忽视实际操作和动手能力的培养，导致文科专业学生就业困难。因此从学生全面发展的角度来看，新文科建设大有必要。

（四）高校发展需求

高等教育的根本任务是立德树人，文科在其中起到重要的作用。培养具有社会责任感、历史使命感的新时代文科人才，要求高等教育文科建设更加注重价值层面的培养。同时，随着高等教育的普及化，随着高考制度的改革，高校面临着招生及学生就业等方面的压力，也亟须进行专业结构优化调整与人才培养模式改革，对传

---

① 周毅、李卓卓：《新文科建设的理路与设计》，《中国大学教学》2019 年第 6 期。

统文科进行转型升级。另外，目前高校院系专业之间的壁垒导致强势专业和弱势专业难以整合，需要打破壁垒，以强带弱，以弱补强，从而推动学校整体发展。总之，传统文科已不能满足时代发展的需要，新文科建设势在必行。高校应将新文科建设作为创新发展的契机，以积极主动的姿态不断探索实施路径。

二、新文科专业建设的主要原则

新文科建设是一个系统工程，包含专业建设、课程设置、培养模式优化、师资队伍建设、评价体系建设等方面。本文仅就新文科背景下如何做好专业建设谈一些初步的思考。讨论这个问题，有必要回溯新文科概念的内涵，就是追问新文科究竟新在哪里。对此，我们认为至少有三个方面是不应忽视的，学校的专业建设也应当紧紧围绕着这三方面展开。

（一）以新的功能为目标进行专业建设

随着中国社会经济不断深化发展，世界一流大学和一流学科建设顺利推进实施，高等教育的人才培养创新已成为社会共识。新文科应助力国家提升文化软实力，培养新时代的哲学社会科学家，这是时代赋予文科的新功能新定位，也是国家对文科高等教育寄予的厚望所在。新时代的文科教育，不能仅仅停留在知识与技能的传授上，而应该以培养在国际交流合作、服务经济社会、文化传承与创新方面具有使命感和责任感的人才为目标，以加强资政和服务社会、推动社会主义文化繁荣发展为目标。新的功能定位赋予新文科专业建设以新的发展方向，那就是必须把社会需求作为专业设置及优化调整的重要准则和导向。认清这一点，对于非综合性的语言类院校来说尤为重要。

（二）以新的融合为抓手进行专业建设

专业结构的优化调整是决定我国高等教育能否实现高质量发展的关键一环。“新文科建设在注重传统文科知识积累的基础上，更加强调人文社会科学新兴研究领域和跨学科研究”①，就是要构建新的学科专业结构。从量的角度看，我国的文科人才培养规模已经不小，但学科专业层面却存在着结构性矛盾，学科专业设置与社会需求不对等，重复建设情况比较严重。传统文科专业在人才培养方案的设计上

---

① 李石勇：《紧扣新时代主题　推进新文科建设》，《中国教育报》2019 年 9 月 2 日。

往往局限于单一的学科或专业门类，学生没有跨学科、跨专业学习的选择权。而新文科的专业建设，不仅要优化现有的专业设置，更要在文科内部打通院系、学科、专业之间的壁垒，甚至突破人文社会科学的边界，在文科与理工科范围内开展更大跨度的学科专业交叉，形成开放包容的文科体系，实现学生思维、素质和能力的新提升。

（三）以新的质量标准为保障进行专业建设

新文科背景下的专业建设，要遵循质量第一的原则。随着高等教育的普及化，高等教育的发展亟须实现从数量先行到质量优先的转型，这不仅是人才培养的关键，也是学校生存发展的必由之路。“四新”建设的本身就是全面提高高等教育质量的系统工程，因此新的质量标准也是新文科的重要内涵之一。不过，由于新文科建设作为一种顶层设计，目前还处在初步探索阶段，尚没有形成一定之规，因而在实践中难免会出一些急功近利、为新而新的情况，为此我们在工作中要特别重视把握质量原则。

三、新文科建设要处理好的几种关系

新文科建设目前还处在探索阶段，在这一过程中一定要注意处理好几种关系。

（一）处理好文科人文性与工具性的关系

文科兼具人文性和工具性两大属性，新文科建设注重人才培养的需求导向，并不意味着文科的工具性将压倒人文性。做好新文科建设，要做到文科人文性与工具性二者的辩证统一。文科发展和文科教育的“一个重要使命就是以文化人”①，不同时代，人文精神的内涵不尽相同。新文科的“新”，应是人文精神内涵的新。立德树人是高等教育的根本任务，家国情怀、使命担当，则是时代赋予文科人文精神的新内涵。新文科建设就是要不断提高学生的政治觉悟、道德品质、文化素养。与此同时，新文科建设也要在文科服务国家战略、城市发展、新生业态等方面中有所作为，体现工具性。二者相辅相成，不可偏废。

① 樊丽明等：《新文科建设的内涵与发展路径（笔谈）》，《中国高教研究》2019 年第 10 期。

（二）处理好博通与专精的关系

新文科建设强调融合与交叉，强调宽口径，厚基础，培养复合型人才。但是，学生学习的内容丰富了，对专业水平的要求却不能降低。因此新文科建设中还要注重处理好博通与专精的关系。语言类院校在这方面尤其面临挑战，外语学科，尤其是小语种，专业性强，如何让学生既学好专业知识，又能拿出更多精力拓展知识领域、增强能力素质，是非常值得思考的。从教育实践来看，进一步探索拔尖人才培养模式是解决这个问题的办法之一。当然在这一过程中，要设计好弹性学制、完全学分制、导师制等配套制度，使拔尖人才培养工作能够在制度保障下取得预期成效。

（三）处理好创新与质量的关系

新文科，要“孕育新的学科增长点、寻求在人文社会科学领域新的突破，实现理论创新、机制创新、模式创新”①，创新性是其重要属性之一。但是，新文科建设也要处理好创新与质量的关系，不能为创新而创新，忽视质量。高质量的创新最能体现新文科理念对文科建设提出的新要求和高标准，因此新文科建设要始终将质量优化作为专业转型升级、再造创新的指导思想。唯其如此，才能将新文科建设这件好事切实办好。

四、北京语言大学新文科专业建设的初步探索

北京语言大学是一所以人文社会科学为特色，以语言文化教育和语言文化研究为优势的多科性大学。近年来，学校从国家战略需求和国际学生教育的现实需要出发，以一流学科建设促进一流专业建设，在专业设置、专业革新等方面进行了一些探索，形成了具有新文科特点的专业建设路径。

（一）传统专业“复合化”

北京语言大学长期以来致力于汉语和中华文化国际传播，致力于中国国家形象的塑造。但是北语的外语专业教育主要集中在外国文学和外国语言学及应用语言学

① 王铭玉、张涛：《高校新文科建设思考与探索——兼谈外国语言文学学科建设》，《天津外国语大学学报》2019 年第 6 期。

等领域，相比而言，服务国家现实需求的复语专业和外国问题研究专业则比较薄弱，在培养“外语+”的复合型人才方面存在一定差距，外语专业面临转型发展的问题。近几年，学校从服务“一带一路”建设和北京“四个中心”建设的需要出发，以培养一专多能、一精多会，高素质、复合型人才为目标，通过多种途径促进专业之间的融合，推动传统专业朝着“复合化”的方向转型。

1. 完善“语言+”培养模式

“语言”教育是北语最大的特色。在新文科背景下，学校推出了“汉语+专业”“英语+专业”“专业+外语”等多样化培养模式，强化学生语言能力的培养，使学生成为既具备扎实专业基础又具备卓越语言能力的复合型、高层次人才。在公共外语教学方面，则增加了除英语之外的多语种公共外语课。目前除英语外，已开设日语、法语、德语、西班牙 4 个语种的公共外语课供学生修读，为英语水平较高的学生和有志于修读其他外语的学生提供了多语种学习机会。在复语教育方面，继开设英语+土耳其语复语、英语+西班牙语复语专业后，还将开设英语+罗马尼亚语、英语+印度尼西亚语以及“非通用语+外语”等复语专业。此外，还将面向全校学生开设日语、阿拉伯语等外语类专业作为辅修专业各双学位课程。

2. 扶持国别与区域专业

国别区域学是针对特定国家或区域的政治、经济、社会、军事、人文、法律等领域的社会科学研究，天然地具有多学科、跨领域的特点。近年来，北语打破学科壁垒，汇聚外语、国际政治、管理学等领域的学术力量，不断推进国别区域研究的学科建设和专业建设。近三年来，阿拉伯语专业上报的关于阿拉伯国家的咨政报告多次获得党和国家领导人的重要批示。目前，阿拉伯语专业正以国别与区域研究中心为依托，积极筹建“联合国及国际组织人才培养实验班”，旨在培养至少掌握两门外语，同时具有国际政治、管理等专业知识的国际组织人才。

（二）新设专业“特色化”

新文科最大的特点是交叉与融合。在新专业建设上，既可以进行文科内部的交叉重组升级，也可以进行文科与理科的跨界融合。但是，后者对学科齐全的综合性大学来说比较容易操作，而对于学科和专业相对较少的语言类院校来说，则需要精准定位，充分结合学校办学特色及优势，坚持有所为有所不为原则，走好特色发展之路。在这方面，北语有三个做法。

1. 设立有特色的新专业

北语以语言及对外汉语教育为特色，学校不仅重点支持汉语国际教育、外语等优势专业，确保其在国内同类专业中发挥引领和示范作用，同时根据学校办学优势，在全国率先设立了“语言学”专业（设在语言学系），该专业以生物语言学为方向，具有鲜明的学科交叉特点。首批本科生全部从理科考生中录取，开设的课程除外语、语言学理论等文科课程外，还开设神经解剖与语言认知、语言与人工智能等交叉课程，以培养兼具现代语言学知识和相关自然科学知识的语言学专门人才。

2. 设置“语言+智能”跨学科专业

北语把语言类相关专业与信息科学相关专业进行整合，在中国语言文学一级学科下，自主设置了“语言智能”专业，形成了“语言+智能”的跨学科专业特色建设路径。语言智能被誉为人工智能皇冠上的明珠，语言智能数据专业的建设目标，就是满足语言智能的科学理论发展和社会服务对语言智能人才需求。在知识传授上兼顾计算机科学和语言科学，在技能培养上重视语言数据处理和分析能力，在思维训练上兼顾形式化、计算化思维，培养对语言现象进行抽象化、泛化的能力。这些目标都与新文科提倡的学科交叉及跨学科融合的理念相契合。

3. 搭建平台，进行跨学科人才培养

学科专业的交叉融合是高等教育发展的大趋势，但是多年形成的院系专业壁垒，并不那么容易打破。从实践来看，搭建拔尖人才实验班等平台，是探索跨学科、跨专业建设，促成不同专业尤其是文理专业融合的一种比较行之有效的办法。目前，北语已建成 4 个实验班，除上文提到的外，还有由高级翻译学院和信息科学学院联合建立的翻译（本地化）技术实验班、商学院与信息科学学院联合建立的新商科拔尖人才实验班。前者培养的学生在熟练掌握外语和翻译技术的同时，还可以从事某些语言智能系统的开发和语言资源信息化管理方面的工作；后者则旨在培养具备扎实的经济、金融知识，同时具备大数据、人工智能知识的新商科优秀人才。

（三）培养方案“立体化”

人才培养方案是专业建设的核心内容之一。传统人才培养方案的制定大多侧重知识与技能的培养，对思想、通识、实践教育的重视程度不够。新文科建设倡导交叉融合、需求导向和创新精神，从价值理念、能力、素质等方面对人才培养提出了更高要求。新文科培养的学生要求具备国际视野、家国情怀、公民意识，具有学以致用、服务社会、造福人类的使命感责任感，成为具备“知识+能力+素质”的“多元化、复合型、创新型”人才。因此新文科背景下的人才培养方案要紧紧围绕以上人才培养目标来制定，以学生为中心，以成效为导向，强化通识教育，形成“思想教育+通识教育+专业教育+创新创业教育”的立体化培养方案。具体做法如下：

1. 调整通识教育课程结构及学时学分

为拓展学生的知识宽度，培养方案设立由六大模块组成的通识课程群，包括多语能力与文化沟通、文史经典与人文素养、国际视野和文明对话、社会研究与当代中国、科技发展与创新精神、艺术创作和审美体验，涵盖了人文、科技、艺术、政治等多个方面。同时，鼓励教师开设学科交叉性强的课程，努力使学生获得广泛的文化艺术修养与道德判断能力，为未来参与公共事务做好知识储备。

2. 增加思政、实践类课程的比重

外语人才负有讲好中国故事，传播中国文化的使命，要有中国情怀、国际视野、问题意识、实践能力。针对这些要求，培养方案增加了思政、实践类课程的学分比重（目前占总学分比例的15%～20%），同时明确规定创新创业训练项目或科研创新计划项目可以换算学分。

按照上述思路制定的立体化培养方案，显然有利于学生养成认知世界、改变世界的心态，有利于培养学生的领导力和跨学科能力，因而对新文科专业建设来说是非常重要的内容。

（四）课堂教学“智能化”

科技发展的日新月异，对于文科来说是挑战，也是机遇，智能化时代的人文学科“应积极走进科技的疆场深处，把握新文科建设的历史机遇”①，运用现代科技成果为文科建设服务。北语虽然是文科院校，但近年来一直努力将“互联网+”“教育技术+”等信息化手段融入课堂教学，不断推进课堂信息化革命，帮助学生养成新时代必备的信息能力与素养。

1. 提升硬件设施水平

近几年，学校相继建成了智慧教室和智慧语言实验室，集智能物联、智慧教学、课堂录播、智能门禁、电子班牌等各个系统为一体，现已全部投入教学使用，为师生营造人性化、智能化的教学空间。

2. 重视信息技术与课堂教学的融合

一方面搭建集多种功能于一体的“北语慕课”教学平台，建设精品慕课，打造线上金课；另一方面以智慧教室建设为条件保障，鼓励教师使用智能平台进行授课，探索翻转课堂等新的课程模式，打造线上线下混合金课。目前，学校教务处被评为“智慧教学试点项目”，多门课程被认定为国家精品在线开放课程。“模拟联合国会议口译虚拟仿真实验教学项目”被评为北京市级虚拟仿真实验教学项目，学

---

① 叶祝弟：《新文科之新与人文社会科学研究范式转型》，《探索与争鸣》2020年第1期。

校为入选院校中唯一一所语言类院校。新文科建设还处在摸索期，我们在工作中也遇到不少难题，部分教师对新文科的认识还不充分，缺乏改革创新的动力，学校人事分配制度的改革还不能够完全适应教育教学改革的需要，长效常态的教育教学监督机制还没有完全建立起来。下一步，我们将围绕改革瓶颈，进一步加强探索，深入推进文科内部的学科融合、文科与新科技的融合、教书与育人的融合、课堂学习与社会体验的融合，努力走出一条守正创新的新文科发展路径，完成时代赋予的育人使命。

（原载《云南师范大学学报（哲学社会科学版）》2020 年第 2 期）

从四个维度来看新文科之“新”

杨灿明*

第一，从时间维度来看新文科。中国有世界唯一五千年绵延不断的文化与文明，所以，文科一定是建立在文化自信的基础上的，不断挖掘凝练中华民族伟大文化价值，这是新文科首先要做到的，也是过去做得不够的。我们的文科一定要是知道走过的路，知道现在所处的方位，并明了下一步前进方向的新文科。以法学为例，现在提到法学，就言必称英美法系、大陆法系，我们能否从中国几千年的历史沉淀中总结升华出中国自己的法系；一个五千年不断的文明，如果没有法，这是不可想象的，如果真的没有，只能说明法不重要。所以，我们一定要从自己的文化文明中来挖掘凝练自己的东西，这是我们新文科建设的第一个任务。

第二，从空间维度来看新文科。作为负责任的大国，作为世界第二大经济体，中国正日益走向世界舞台的中央，不但要参与国际化，还要引领国际化。所以我们的文科一定要是既吸收一切人类文明成果、注重文化的多样性，又不断产生中国思想、发出中国声音、提出中国方案的新文科，是站在国际视角、站在世界舞台来进行建设的新文科。

第三，从世界观、价值观的维度来看新文科。学科首先是用来教育培养人的，而人的培养与教育首要是人格的塑造、道德的修炼、境界的提升。所谓立德树人，首重立德，其中文科的作用至关重要。所以我们的文科必须是首先立足于培养人的独立人格、高尚情操的新文科，是培养人的社会责任感、历史使命感，维护人类的尊严、保护人类文明的新文科，是更加注重价值层面而非知识层面的新文科，是回归于道而非纠缠于术的新文科。

第四，从认识论和方法论的维度来看新文科。万事万物都有着密切的联系，任何学科的建设都要强调宽口径、厚基础，我们的文科一定是适应科学技术发展、拥抱科学技术的新文科，实现文科、理科、工科、农科、医科等不断交融交叉的新文

---

* 杨灿明，中南财经政法大学校长、教授。

科，是与互联网、大数据、人工智能、基因工程等密切联系的新文科。

另外，人类的创新活动其实主要是依赖三种知识：默性知识、交叉知识和实践知识。其中默性知识可能是更重要的，它特别强调悟性和领悟力，在一定程度上似乎更加取决于哲学、社会科学的教育与修炼。所以，伟大的物理学家爱因斯坦曾非常明确地说，“与其说我是一个物理学家，不如说我是一个哲学家”，即哲学给了他更多的启迪。这是在今后培养创新人才的时候要特别注意的，不要一讲到创新就是理工科，就是搞项目，就是搞专利转让，文科对于创新起到一种启迪智慧的作用。

（本文根据作者在 2019 年 8 月 20 日由山东大学主办高等学校新文科建设座谈会上发言整理而成，原载《中国高教研究》2019 年第 10 期）

创新与融合：学科视野中的“新文科”建设

马骁　李雪*

人类社会正处在一个大发展大变革大调整的时代，新科技、新产业、新经济的加速发展对人类生产模式、生活方式、价值理念产生了深刻影响，也对人类知识生产和文化创新提出了新的迫切需求。新文科建设是发展社会主义先进文化的重要载体。对“新文科”的认识，必须直面传统文科教育的根本性问题，对传统的学科发展路径、知识生产机制、人才培养模式等进行系统性变革，才有可能构建起适应时代需求和未来发展要求的新文科。

从学科产生及发展的历史看，学科的发展大致遵循两个逻辑：一个是知识创新逻辑，即认识世界，探索未知世界是人类的天性。一个是社会需求逻辑，即改造世界，所有学科必须能解决特定问题、满足特定社会需求。但其本质上既是知识的生产、再生产及体系化的过程，也是知识生产者的生产、再生产的过程。在学科的视野中，学科知识体系的应用、发展与创新是人才培养的重要基础，也是人才培养的重要目标。因而，人才培养既要培养学科知识的实践者和应用者，又要培养学科知识的传播者和开拓者，这直接决定着知识的传承与创新、学科的延续与拓展。

随着中国日益走向世界舞台的中央，从中国奇迹、中国智慧到中国方案，全球治理格局中的中国因素日益凸显，需要中国在国际经济政治文化等各个领域发挥更大作用，更需要中国提升文化的创造力和引领力。因而，新文科建设的根本目标是坚持以习近平新时代中国特色社会主义思想为指导，构建中国特色、中国风格、中国气派的哲学社会科学或者说人文科学和社会科学，提升中国文化软实力。

---

* 马骁，西南财经大学党委副书记、教授，教育部高等学校财政学类专业教学指导委员会副主任委员；李雪，西南财经大学党委教师工作部部长。

一、创新：新文科建设的根本导向

一要突出知识生产的原创性。要扎实推进习近平新时代中国特色社会主义思想系统化、学理化、学科化研究阐释，并以习近平新时代中国特色社会主义思想为指导，立足中国优秀传统文化并批判性地借鉴国外优秀文化成果，针对一些本原性的问题作出新的理论概括，提出具有原创性的概念、理论和方法。我们既要关注从1到N的拓展，更要注重从0到1的突破。比如，生物技术和信息技术结合会不会出现一些问题？以京东无人配送为代表的人工智能的广泛应用会不会导致就业及社会结构的调整？阿里巴巴等新的超大型企业究竟会给市场治理和社会治理带来什么影响？这些新科技、新经济、新业态带来的新问题应该成为哲学社会科学关注研究的重要问题，并提出具有原创性的见解。

二要强化对“人”认识的深刻性。哲学社会科学主要研究人的行为及其相互影响，作为社会行动者的个人和团体，以及作为研究者的社会科学家，他们在性质上有很大的区别。但这三者有一个共同点，那就是在很大程度上讲，都受到“人的特性的型塑”，这是人文科学和社会科学区别于自然科学的最显著的特征。从经济学的发展历史来看，如何看待“人的特性”就成为形成某种范式的基础。古典经济学假设人具有完全理性，现在假设人只具有有限理性，未来的“人的特性”是什么呢？所以这可能是我们必须要面对的。

三要体现中华文化的兼容性。中国文化最大的特点就在于其开放性和包容性，其发展过程本身就是一个不断吸纳外来文化并持续创新的过程，这是中华文化历经数千年依然灿烂的根源所在，体现了中华文化强大的生命力和自信力。中国哲学社会科学要放到整个人类社会所创造的优秀文化的大格局、大背景中去建设，坚持“不忘本来、吸收外来、面向未来”，在融贯中外、古今中形成具有自身特色的民族文化。

二、融合：新文科建设的核心理念

一是其核心应坚持问题导向，开展跨学科研究，这是新文科建设的必然方向。学科总是在高度分化与高度综合的辩证统一中向前发展的，而近代和现代科学发展的历史表明，科学上的重大突破、新的生长点乃至新学科的产生，常常在不同学科彼此交叉和相互渗透的过程当中实现。比如说DNA问题，涉及化学、生物学、医学等领域。人类认识的有限，导致了现有学科的边界，社会的复杂性导致了学科边界的不断突破。知识生产者所使用的理论、方法和工具等，往往并非单个学科所特有，多学科、跨学科和超学科自然不可避免，这是人类知识生产过程中的辩证法。“新文科”是大文科，应该打破哲学、经济学、历史学、政治学、文学、法学等传统文科学科之间“人为”的壁垒，提倡文科学科之间内在交融，提升从多个视角分析问题和解释现实的能力。新文科是跨学科，融合社会科学与自然科学的成果，旨在为解释和创造人类现实生活和未来问题提供新的思想源头、分析框架和逻辑路径。比如在金融学领域，从早期B-S模型借助热力学概念求解偏微分方程完成期权定价，到当今物理学概念和算法在资产定价和风险测度方面的广泛运用，金融领域的实践和研究面貌都焕然一新。

二是其根本在于优化课程体系，培养复合型人才，这是新文科建设的根本任务。知识生产与再生产的过程是知识生产要素彼此相关联、相互作用的一个过程，其中学者的生产与再生产对于新文科建设极为重要。着眼未来的不确定性，培养具有良好适应能力和创造能力的创新型人才，必须走出狭隘的学科知识限制，提升学生发现、分析、判断和解决复杂问题的能力。所以我们必须要对人才培养的课程内容与课程体系方面进行变革。在课程内容上，避免传统专业课程学科知识的碎片化，而是整合增大课程容量，增大学科挑战度；在课程设置上，通过压缩传统专业课程开设更多的多学科、跨学科课程。现在第一步是要努力地实现文科内部的整合，然后才是文理工跨越，最终应该实现的是超学科的概念。

三是其基础在于完善协同创新制度，突破“科学共同体”局限，这是“新文科”建设的着力重点。人类现实生活中的很多问题都是综合性的范畴，综合性范畴的相应问题往往受到实际使用、社会政策、文化传统等因素的影响，其解释框架要求科学家与社会利益相关者的对话与交流，也就是说，研究不能局限在“科学共同体”内部，而是继续向包括政策制订者、相关利益方开放，把哲学社会科学变成能真正解决现实经济、政治、社会、文化、生态等发展问题的科学，在深度的思想交流和碰撞当中不断地突破当前在本体论、认识论、方法论等方面的局限，并对制约学科建设、科研评价、人才培养的机制进行改革，建立健全大科研、大学科和大教学的融入方式，形成有利于创新、交叉、开放和共享的新文科建设与保障机制，才能为新文科建设提供坚实的制度依据和机制保障。

最后，以财政学学科为例。财政是一个跨越经济、政治、社会、文化和生态文明等多个领域的综合性范畴，它会涉及自然科学，也会涉及社会科学和人文科学。作为新文科的一个重要组成部分，它必须从根本上坚持问题导向的知识生产逻辑，将财政学科的不断发展与社会主义现代化强国的伟大实践相结合。坚持问题导向就意味着解释框架客观上要求科学家和社会利益相关者的对话与交流，要求财政学必须突破经济学单学科的传统和局限，从政治学、社会学、伦理学、行为学、法学等不同的学科视角进行跨学科或者超学科研究。同时，还应该高度关注云计算、大数据、AI 等在财政管理领域的应用以及带来的一系列变化。所以，随着单学科、多学科研究的深入和跨学科、超学科研究的介入，财政学科知识将会不断丰富、分化与重组，其知识也不能简单地归入现有某一学科，新的知识及其体系化的可能结果是形成新财政学。从财政学者的生产而言，多学科、跨学科、超学科不只是学术研究的方法，也是财政学者培养的基本理念。开放性的学术制度体系对财政学科建设同样重要，财政学科的制度体系不能给自己设定各种限制，而是要着眼于现实问题的解决和自身理论创新的需要。

（原载《中国大学教学》2020 年第 6 期）

新文科：定义·定位·定向

李凤亮*

一、不断明确的定义

“新文科”概念的出现，源于新形势下对传统学科建设和人才培养模式的反思。较长时期以来，高等教育界强调学科建设的稳定性、规范性、传承性，对其发展性、突破性、创新性重视不足。正是在这个意义上，全国教育大会、新时代全国高等学校本科教育工作会议都强调学科建设和人才培养的根本变革，强调适应国际局势、国内形势、产业趋势、学科态势而对学科建设与人才培养作出战略性调整与根本性变革。2019 年 8 月 26 日，教育部召开 2018 年全国教育事业发展基本情况年度发布会，相关负责人介绍，要通过大力发展新工科、新医科、新农科、新文科，优化学科专业结构，推动形成覆盖全部学科门类的中国特色、世界水平的一流本科专业集群。创新决胜未来，改革关乎国运。为主动拥抱新科技革命和产业变革的机遇与挑战，下好“先手棋”，必须发展“四新”：新工科、新医科、新农科、新文科。在率先提出“新工科”之后，“新文科”的讨论与推进也提上议事日程。按照笔者的理解，新文科至少可以从三个角度进行解读。

一是范围的不同，即存在着“狭义文科”与“广义文科”的不同理解。“狭义文科”更多是指文史哲等人文科学，“广义文科”则是指“人文社会科学”（或称“哲学社会科学”），即人文科学和社会科学的统称。其中，人文科学主要研究人的观念、精神、情感和价值，社会科学主要研究各种社会现象及其发展规律。按照我国《普通高等学校本科专业目录（2012 年）》，除了理学、工学、农学和医学外，哲学、经济学、法学、教育学、文学、历史学、管理学、艺术学等学科门类基

---

* 李凤亮，南方科技大学党委副书记，深圳大学文化产业研究院院长，国家文化创新研究中心主任。

本上都可纳入“文科”范畴。从这个意义上讲，“新文科”的范围较之“新工科”“新农科”“新医科”要更加广泛，坊间讨论的“新商科”事实上也包含在广义的“新文科”之内。

二是指向的差异。“新文科”主要是强调文科建设与人才培养对新时代新形势的适应与对接，这也是我国实施“六卓越一拔尖计划”2.0的目标所在。

三是模式的区别。新文科意在通过突破传统学科的自我设限，加强学科的融合与创新，提升高等教育支撑国民经济与社会发展的能力。事实上，新文科建设是一场全球性教育改革运动。美国希拉姆学院就旗帜鲜明地提出“新文科”的教育理念。2017年10月开始，希拉姆学院对培养方案进行全面修订，对29个专业进行重组，即把新技术融入哲学、文学、语言等诸如此类的课程中，为学生提供综合性的跨学科学习。在王铭玉、张涛看来，新文科是相对于传统文科而言的，是以全球新科技革命、新经济发展、中国特色社会主义进入新时代为背景，突破传统文科的思维模式，以继承与创新、交叉与融合、协同与共享为主要途径，促进多学科交叉与深度融合，推动传统文科的更新升级，从以学科为导向转向以需求为导向，从专业分割转向交叉融合，从适应服务转向支撑引领。①

二、重新出发的定位

教育部门在推出新文科建设方案时特别强调，加强新文科建设，要把握新时代哲学社会科学发展的新要求，培育新时代中国特色、中国风格、中国气派的新文化，培养新时代哲学社会科学家，推动哲学社会科学与新一轮科技革命和产业变革交叉融合，形成哲学社会科学的中国学派。事实上，“求新图变”正是新文科提出与推进的基本方略，而这一方略的形成，与人文社会科学面临的形势变化密切相关。在笔者看来，经过长期发展，人文社会科学正日益呈现“对策化、跨界化、技术化、国际化”的趋势。

“对策化”是指人文社会科学在重视知识传承与创新的同时，日益强化其咨询服务功能，即“思想库”“智囊团”的作用。“跨界化”是指人文社会科学日益突破原有的学科局限与知识领域，以解决问题为旨归，不断尝试文科与理科、工科、医科、农科等“大科际”的跨越以及不同文科内部“小科际”的融合渗透，不断强调文科与新的科学进展、技术创新的结合，不断推进文科建设的模式变革与途径

---

① 参见王铭玉、张涛：《高校“新文科”建设：概念与行动》，《中国社会科学报》2019年3月21日。

创新。“技术化”是指文科正突破传统意义上“一支笔、一本书、一张嘴”的单一模式，强调数据采集与分析、人工智能算法、新媒介传播、虚拟交互等研究、传播与教学模式的使用，以新技术支撑新文科的创新，体现出文科建设与技术支撑的深度结合。“国际化”是指在重视意识形态安全的前提下，文科建设日益呼唤跨国跨境协作，日益重视在全球交互中共享知识资源、共创思想成果，形成人文社会科学的“人类命运共同体”。在这一方面，深化文化自觉、坚定文化自信，努力构建中国特色、中国风格、中国气派的人文社会科学话语体系，大力推动中国学术“走出去”“走进去”，充分发挥人文社会科学在“讲好中国故事”“传播中国声音”中的作用，成为不可或缺的重要共识。

因此，“积极应变”成为新文科建设的基本出发点，成为人文社会科学找寻新的时代方位的重要策略。教育部高等教育司司长吴岩曾这样分析：从世界来看，新科技革命和产业变革呼唤新文科建设；从中国来看，新时代呼唤新文科建设；从教育来看，新方针呼唤新文科建设；从方位来看，世界舞台全球格局呼唤新文科建设。这一分析已深刻呈现了文科改革的急迫性与基本方向。毋庸讳言，前些年部分高校对人文社科类课程重视不够，存在课时不足、被边缘化的现象，这既受到教育功利化理念的影响，也与人文社科类课程教学功能定位不明确、专业设置雷同、特色不明显、学生创新能力弱、回应和解答重大理论和实际问题不力有很大关系。人文社科只有不断明确“学科自觉”、克服“自身虚弱”，才能开辟出新的创新空间。笔者认为，新文科的“新定位”，可从强化硬通识、催生新思想、体现新担当着手。

首先，应强化硬通识。传统的文科教育，除了培养专业技能，一个很重要的使命就是强化通识教育，夯实学生的人文之基。目前存在的问题是：一些通识课观念陈旧、知识老套、新意不足，常常沦为缺少知识含量的“水课”，成为学生不费力气混学分的地方。新文科应在重视专业技能培养的同时，进一步强化通识功能，成为“课程育人”的重要载体。因此，创新培养理念、改革教学内容、大力推出“金课”、强化“硬核”能力，便成为新文科未来重要的发力点之一。

其次，应催生新思想。文科教育不仅要重视知识传授，更要成为思想创生的主要平台。新文科应着重培养学生的批判性思维，引导学生“求真”“向善”“寻美”，形成高度的文化自觉与文化自信，树立对自身、社会、他人的正确认知，处理好与自然界、社会群体的关系，确立正确的生态观、社会观、历史观、国家观、全球观、未来观，以积极的独立思考和独特的思想发现，构建立身处世之本及贡献社会之基。

最后，要体现新担当。“文章合为时而著，歌诗合为事而作”，中国知识分子素有“经世济用”的传统担当。在当今全球形势日益复杂，政治多极化、经济全球化、科技前沿化、文化跨国化的背景下，新文科应积极承担供给思想、输出对策、资政育人的新使命，在关系国计民生的重大问题上发声出力，以智力之为体现时代担当，才能拥有新的有价值的历史方位。

三、期待务实的定向

2019 年被认为是“新文科建设元年”，一系列战略部署刚刚破题，诸多举措有待持续实施方可见效。笔者认为，在新文科建设的诸多路向和举措中，以下几点显得十分重要和急迫。

一是坚持以人为本。小到学科建设，大到教育发展，其根本目的是促进人的完善与提升。新文科建设的首要指向，应是因应时代发展要求，重塑“新人文精神”。应该说，科学技术的突飞猛进，已经向人类提出了一系列挑战和质疑：科学技术的单向突破是否有益于人类进步？人工智能时代人的本质能量如何显现？基因技术发展与应用如何尊重人的尊严与社会正义？大数据与区块链技术应用中如何保护人的隐私？科技哲学发展可否助推新的科技伦理形成？一系列问题正扑面而来，需要新文科作出有效的正面回答。

二是突出跨界融合。人类知识与技术的产出进入了新时代，交叉、融合、渗透、创新成为新的方式与特征。这种融合当然不应是“为融合而融合”，而应是着眼于发现和解决问题，致力于创新和突破。事实上，近年来从教育主管部门到高校科研院所，从学术组织到学者个人，都在积极探索从“学科导向”到“问题导向”的思路调适。一批着眼国计民生、需要多学科联动才能解决的社科重大项目应运而生。在人才培养的改革上，许多高校也大力探索“完全学分制”及打破学科专业边界的“创新班”“试验班”培养模式，推动创新人才培育。接下来，应进一步解放思想，以社会需求与科技进步的新趋势，倒逼文科拔尖人才培养改革与通识教育创新，努力探索跨界复合型的新文科发展道路。

三是强化实践导向。新文科建设重在强调实效。应克服传统文科偏软、偏散的弊病，突出人文社会科学研究与教育同新的科技变革、社会实践的深入结合，突出与未来世界的无缝对接，强化文科的实践导向。比如对新的全球化背景下大国关系构建的建议，对新经济模式、新产业形态的发现，对互联网环境下新的社会治理模式的探索，对新技术条件下科幻产业的预测，对人工智能快速发展后科技伦理的重新思索……这些事关国计民生、人类未来的重要命题，应及时予以追踪性、引领性研究，以有效的思想作为体现新文科的时代担当。

四是探索范式创新。必须认识到，新文科建设有着崭新的历史背景与技术语境，同时也面临着人类知识生产与学科重构的新挑战。新文科建设应正视这些背景和挑战，以实事求是的态度、求新图变的精神，不断探索和尝试人文社会科学发展的“范式创新”。比如，能否进一步解放思想，创新专业和学科设置的方式，紧贴科学技术与社会发展前沿设立新的专业学科方向？能否取消传统的课程设置，师生共同创造“问题解决式”的新型课程？能否突破现有研究和教学中的专业限制、国别限制，走向真正的跨界融合培养？能否突破传统的象牙塔自体循环，将社会、企业中的智力资源更多引入大学？能否突破既往的评价模式，以前瞻性、引领性、突破性作为成果评价的重要尺度？这些都是新文科建设需要着力解决的重要问题，也应成为人文社会科学范式转型的主要突破口。

（原载《探索与争鸣》2020 年第 1 期）

新文科之思："一则以喜，一则以惧"

张宝明*

新文科的提出，旨在通过引进新技术，促进学科融合，推动文科的改革创新，从而使得文科紧跟时代社会发展的步伐和需要，焕发出新的勃勃生机。这里需要指出的是，新文科的融合一定要拿捏好"度"。如果过度融合，就又回到了中国传统的"混沌之学"，也就违背了新文科的旨趣；如果"就地打滚"，则又将陷入重蹈覆辙的窠臼。

2017 年 10 月，美国希拉姆学院对学生培养方案进行全面修订，对 29 个专业进行重组，把新技术融入哲学、文学、语言等课程之中，为学生提供综合性的跨学科学习。这一举措堪称新文科教育理念的奠基之举。一波激起千层浪，新文科在中国国内也成为一个热门话题。面对国际教育呈现出的这种景象，究竟如何理解新文科，新文科如何破题，其建设的重点在哪？这都值得我们深入思考和探讨。

一、文科的"分分合合"

周作人在 1932 年应沈兼士之邀，在辅仁大学讲了八次课，当时的讲稿整理后出版了《中国新文学的源流》。该书提出一个重要观点——中国文学自古存在两种相对立的潮流，诗以言志和文以载道，并且两者是此消彼长、不断循环的关系。暂且不论此观点值得商榷之处，但这却很容易让我们联想到人文学科或者假称新文科的发展情形：此消彼长、不断循环。近代我们强调"分科立学"，当前我们又倡导"学科融合"。这看似矛盾，实则不然。历史潮流，滚滚向前，"合久必分，分久必合"，一个时代有一个时代的历史使命，该"分科"时要"分科"，需"融合"时则"融合"，"分"与"合"是相对的，是辩证统一的，但关键是我们不能走向极

* 张宝明，河南大学党委副书记、历史文化学院教授。

端，要恰如其分地拿捏好“分”与“合”的关系。

众所周知，中国传统的知识、学术在经学思想的笼罩下相当长时期内有着混沌未分的特点。经学包含着政治学、文学、历史学、哲学等各类学问。它不仅构成正统的意识形态，而且统领着主要的知识与学术领域。近代以降，随着西方“分科立学”思想的传入，中国学者逐渐意识到“学术独立”的重要性，进而质疑传统经学一元体系的知识系统框架。傅斯年将中国学术无法“深微”见著的原因归结为疆界不明：“中国思想界之病根，入于肌髓，牢不可破；混沌之性，偕之以具成，浮泛之论，因之以生衍。”① 鉴于这一认知，当科学这一分科之学舶来中国后，人文学科的趋之若鹜就有点势不可挡的意味了。

正如看到的那样，近代中国出现了一个引人注目的学术现象——从“四部之学”向“七科之学”的转变。所谓“四部”，即“经、史、子、集”。其原为图书分类，虽然也具有稀薄的学科分类意味，但毕竟和现代学科分类有较大距离。而“七科”则指“文、理、法、农、工、商、医”等现代学术门类。从1861年冯桂芬的《采西学艺》提出中国近代最早的学科分类方案到1913年教育部颁布《大学规程》对大学所设置的学科门类进行原则性规定，以此在形式上完成了从“四部之学”向“七科之学”的转变。这也标志着中国从传统的混沌不分的“博通之学”走向近代分科治学的“专门之学”。在看似简单的由“四”到“七”的数字变化中，其背后饱蘸的是一把辛酸泪。要知道，中国古代学术的分科观念与西方近代意义上的学科理念有着天壤之别。所谓“博通”，其分类的标准乃是以“人”这样一个主体以及地域这样一个方位概念来裁度一切的；所谓“专门”，则是以客观研究对象作为标准来裁定一切的。这里的“博通”也就是“通人”。进一步说，在近代学术转型的过程中，移植与转化同时进行着。以“七科”为基本依据，“文”之外的“六科”基本属于移植范畴，而“文”之一科，则是就地打滚，做着不得不的让步——文、史、哲的独立门户。

与此同时，伴随着“分科立学”，五四学人还曾提倡引入自然科学的研究方法来研究人文学科。诚如朱希祖所言：“我们现在讲学问，把古今书籍平等看待，也不是古非今，也不尊今薄古：用治生物学、社会学的方法来治学问。换一句话讲，就是用科学的方法来治学问。”② 傅斯年将历史学简化为“剪刀加浆糊”的史料学。他说，“近代的历史学只是史料学”，要“把历史学、语言学建设得和生物学、地

① 傅斯年：《中国学术思想界之基本误谬》，《新青年》1918年第4卷第4号。

② 朱希祖：《整理中国最古书籍之方法论》，蒋大椿主编：《史学探渊——中国近代史学理论文编》，吉林教育出版社1991年版，第671页。

质学等同样”。①傅斯年甚至上书北京大学校长蔡元培，历数哲学属于文科“衡以为空虚之府”之弊，请求将哲学放入理科，“今学生所以主张哲学门应归入理科者，不仅按名求实，以为哲学不应被以文科之名也，实缘哲学入之文科，众多误会，因之以生；若改入理科，则大众对之，观念顿异，然后谋哲学与理科诸门课程上之联络”。②可见，新文科所倡导之学科融合，早在“分科立学”之初，就已有此思想之滥觞。这里，新文科面对着两个方面过去一直没有处理好的分合“老”问题：一是“分科”的同时如何会通的问题；二是与自然科学的“融合”在多大程度上算是科学的“分科”。必须看到，在学科与时俱进的发展过程中，新旧只是相对而言，是时代某种程度再现。所谓新文科，究其实质不过是一种回归加融合。既是对当前学科划分越来越细、学科门类“各自为战”的一种“反拨”，同时也是对时代飞速发展过程中新的知识信息及其学科生长点的添加与整合。但这种“回归”和“反拨”绝不是重蹈覆辙，更不是故伎重演，新文科的提出，旨在通过引进新技术，促进学科融合，推动文科的改革创新，从而使得文科紧跟时代社会发展的步伐和需要，焕发出新的勃勃生机。这里需要指出的是，新文科的融合一定要拿捏好度。如果过度融合，就又回到了中国传统的“混沌之学”，也就违背了新文科的旨趣；如果“就地打滚”则又将陷入重蹈覆辙的窠臼。

事实上，在“一事不知，儒者之耻”的通才诉求到隔行如隔山的专家标准之间，这个张力从来没有中断过。近来的一些“复兴”尤其是“全面复兴”虽然不可与当年的“文艺复兴”同日而语，但面对沧桑与世事，新旧之间的缠绕从来就不曾中断过。要知道，近代以来的大儒们诸如章太炎、梁启超、王国维、刘师培、陈寅恪等等，在经学、史学、文字学、词学、佛学与西方人文学流派中的左右逢源一再佐证了他们“一通百通”的大师姿态。那一代学人既没有被近代化过程中的专业化教育所埋没，也没有被所谓的“分科”雨打风吹去。尽管已经是“昔日黄花”，但在今天重提文科学科和专业建设的我们眼中谁又不刮目相看？及此，笔者不禁想起当今“专业学位”（professional degree），与“学术型学位”（academic degree）的分立来，在这看似定位明确的“操作”上，随之而来的困惑也一直萦绕着我们。毕竟，创新（innovation）、国际化（internationalization）与学科交叉（interdisciplinarity）三位一体的人才培养导向和课程方案还在频频招手。不然，所谓的在学科交叉点中寻找新的生长点和前沿性终将成为“画饼”。

关于人文学科新不新、旧不旧的笔墨官司古今中外都不乏诉讼。这里以学衡派

---

① 参见傅斯年：《历史语言研究所工作之旨趣》，《国立中央研究院历史语言研究所集刊》1928年10月第一本第一份。

② 参见傅斯年：《致蔡元培：论哲学门隶属于文科之流弊》，《北京大学日刊》1918年10月8日。

同人对新青年派的诘问为例足见一斑："何者为新？何者为旧？此至难判定者也。"所谓"新"，无非是"层层改变递嬗而为新，未有无因而至者。故若不知旧物，则决不能言新"。[1] 进一步说，就情感的圣洁度而言，在《诗经》与《尝试集》之间我们能强分出高下卑贱吗？也许，20 世纪 20 年代中期一代宗师梁启超在清华国学院的感想颇能说明问题："在这新的机关之中，参合着旧的精神。"[2] 不言而喻，在"新桃"与"旧符"之间，岂能是一个"总把"了之？旧人文中孕育着新文科的未来，新人文中携带着旧人文的基因。以此类推，新旧文科之间，其谁曰不然？

二、新文科如何"破题"

不容否认，"分科立学"推动了科学研究的深入，提高了科学研究的效率，大大推动了人类文明的进步。但同时也造成了不同学科之间相互隔离、互不往来的局面，文科则更甚之。文科专业划分明显，学科建设目标清晰，注重专业素养的培养，注重研究领域的细化。这些情况已经愈演愈烈甚至登峰造极。这使得文科越来越"高大上"，越来越"不食人间烟火"，于是乎，往往被"束之高阁"。

与其相对，新文科反其道而行之，强调的是学科的交叉和融合，注重的是学科的借鉴和互补。然而，想要打破学科壁垒，实现学科融合，并非易事。

首先，我们要重新审视文科。文科之所以在今天的中国成为一个需要重新思考的论题，是因为在相当长的时间内我们根本不将其看作问题。然而，当前无论是学科的自我追求还是学科的评价机制，都已将文科推到"两头不靠岸"的尴尬境地——既无法达到自然学科的严谨精密，又难以做到应用学科的实际效用。这就需要我们在"学科自信"的基础上，从"培养什么样的人、如何培养人"的高度，去领悟和实践文科的真谛，勇于肯定和坚持文科的学科致思方式，以及它在特定空间范围内探讨人类本质和价值信仰的特质，处理好文科价值性和工具性的辩证统一关系，既要立足新时代，回应新需求，又要关注文科的学理性和人文性，才能引领文科新发展，实现人的现代化的新目标。

其次，新文科需要转变教育理念，致力于博雅教育。文科教育不仅仅是知识的传授，更是一种价值、思想、能力、修养的"锤炼与升华"，是对个人"软实力"的"综合培养"。分科教育，却将文科人为地撕裂开来，划分成若干"条块"。这使得文科因"碎片化"而失去了"综合效应"，学生甚至由于"管中窥豹"，"只见

---

① 参见吴宓：《论新文化运动》，《学衡》1922 年第 4 期。

② 丁文江、赵丰田编：《梁启超年谱长编》，上海人民出版社 1983 年版，第 1138 页。

树木，不见森林”，而在价值的判断上出现“误解”和“偏差”。可见，推行博雅教育、通识教育，发挥不同学科对人才培养的互补促进作用，致力于培养人的广博视野、复杂思维、独立人格和创新精神，真正实现“人”的教育，这才是新文科教育的应有之意。

再次，新文科需要问题导向为鹄的，瞄准交叉融合点。我们不能为了“学科融合”而去“融合学科”，不能“乱点鸳鸯谱”，而是要坚持问题导向，根据社会需求，找准交叉融合点，实现不同学科间的“有效联姻”，从而走出文科发展的“孤岛”，与社会融合共创。当前，以人工智能、大数据等为代表的新兴科学技术突飞猛进，呼唤着知识复合、创新力实践力强的新型人才，这也为这场“学科联姻”提供了现实可能性和必要性。例如现在非常热门的“国学”“金融科技”“科技考古”“知识产权管理”“计算社会学”“现代艺术设计”等，就是成功的范例，不仅让基础学科迸发出新的生机，促进科技革命的到来，而且带动了新产业的诞生，有效解决了经济社会发展的新挑战新问题。

最后，新文科需要有自持的矜持，不能在学科融合中失去自我。早在近代“分科立学”和中国文科的现代转型过程中，文科内在的人文传统精神就出现过逐渐衰落的景象。连北京大学校长蔡元培在科学主义风潮中也不能自持，已经站到了科学主义的旗下：“科学发达以后，一切知识道德问题，皆得由科学证明。”① 这也是学衡派一再提醒近代学人不能“把孩子与洗澡水一起倒掉”的根本原因。吴宓在译介白璧德思想时，曾经在“按语”中总结科学主义下人文传统失落的状况：“物质之学大昌，而人生之道理遂晦；科学实业日益兴盛，而宗教道德之势力衰弱。人不知所以为人之道。”② 至20世纪20年代的科学与人生观大战，更是样样“必以科学为正轨”，诸如“一切宗教皆在废弃之列”的念头，动辄“厥惟科学”四个字，将科学代替“宗教”、包办“人文”、解决“人生观”问题推向了另一个极端。③

论及于此，笔者想到《庄子・内篇・应帝王》中的那个关于“浑沌之死”的寓言故事：“南海之帝为倏，北海之帝为忽，中央之帝为浑沌。倏与忽时相遇于浑沌之地，浑沌待之甚善。倏与忽谋报浑沌之德，曰：‘人皆有七窍，以食听视息，此独无有，尝试凿之。’”结果，“日凿一窍，七日而浑沌死”。④

前车之鉴，不可复蹈。新文科不能因为学科融合，而失去自我，走向“自然科学化”“工科化”的歧途，使得其内蕴的人文精神走向萎缩，失去了其关心人类价

---

① 蔡元培：《致〈新青年〉记者函》，《新青年》1917年第3卷第1号。

② ［美］白璧德：《中西人文教育谈》，《学衡》1922年第3期。

③ 参见陈独秀：《再论孔教问题》，《新青年》1917年第2卷第5号。

④ 参见王先谦：《庄子集注》卷八，中华书局1955年版，第96~97页。

值与人类精神世界的理想和旨趣。因此，新文科必须坚持学科的主体性，形成“自是一家”的学术领域，取人之长，补己之短，形成合力，共同发展。

三、新文科也要“划重点”

2020 年 1 月，教育部决定在部分高校开展基础学科招生改革试点工作，也称“强基计划”，主要是为了选拔有志于服务国家重大战略需求且综合素质优秀或基础学科拔尖的学生。这是教育部从国家层面加强基础学科建设，注重基础人才培养的重大战略。

“根深才能叶茂，厚积才能薄发”，基础的重要性是不言而喻的。但在市场经济浪潮的影响下，“应用性”“功利化”甚嚣尘上，“有用”和“无用”成为多数人评判学科价值的重要标准。实际上，“有用”和“无用”是辩证统一的，基础学科的“无用”是大用，应用学科的“有用”必须有基础的支撑，基础才是更持久、更深厚的内驱力。这也正是新文科强调强基础的原因。

新文科的核心要义是学科的融合发展，那么强基础就显得尤为重要。学科融合不是学科简单的相加，而是要深度融通，取长补短，浑然一体，做到 1+1>2。没有坚实的基础，学科融合就会是空中楼阁，昙花一现难以持久，正所谓“基础不牢，地动山摇”。那么，文科的基础是什么？

自古以来，国人提及人文一词，理解或有差异，但大都溯源于《周易》中的那句卦辞：“‘小利有攸往’，天文也；文明以止，人文也；观乎天文以察时变，观乎人文以化成天下。”① 在古人看来，“天文”中蕴藏着王朝兴衰、帝王递嬗的秘密，而“人文”依天象所示的文明之道，关系到社会秩序的稳定。在传统的用法中，“文”“道”“天”这些术语都与“心灵”“观念”“意图”“天理”以及诸如此类的词语联系在一起。古代文人“参天地，赞化育”的“天人合一”的传统学术观念，使之致力于为“文”寻找一个共同的道德基础。

文科追求的正是这样一种人文精神，彰显的是一种“体验之知”的学科风格。作为精神科学，文科要传达的是对于价值意义的理解与把握，而文科的方法则是如何通过对文科的研习来获得这种对于价值的体会。狄尔泰在其《人文科学导论》中论述了文科重体验的特点。在他看来，自然科学的对象是可以看到并触摸到的，依照机械的规律运动着的物质世界；而文学乃是与人的精神打交道，其对象是“有意识和愿望的，感觉着、想象着”的价值和观念，精神世界的无形与流易使得人无法

① 韩立平译注：《周易·贲卦·彖传》，上海三联书店 2018 年版，第 94 页。

直接观察到这个世界的存在。① 在《人文科学的逻辑》中，卡西尔通过对艺术、历史知识和获取人性知识的基础分析文科的基本概念，指出文科的知识之所以是可靠的、客观有效的，不是因为它能够像自然科学逻辑一样精密地预言个人或历史事件，而是因为它使我们获得了对人性更加深入的认识。② 文科既以观念的方式把握世界和自我的意义，又通过实践过程赋予世界以多方面的意义。研究者只有凭借个人感觉、思想、情感、记忆和欲望经验，进入他人的内在状态，进而理解生命，把握人类生活的意义。

以上或可看作是文科之基础。我们只有打牢基础，坚守初心，将文科的人文精神和学科风格贯穿始终，才能让新文科建设根深叶茂，厚积薄发。

同时，文科的基础更是深深植根于基础学科之中，在基础学科中我们更能感受和领悟这种人文精神和学科风格。因此，新文科首先要做好文科基础学科的融合，在此前提下，再去谈与其他学科的融合。我们常说文史哲是一家，只有让文史哲这样的基础学科，先打破壁垒，实现融会贯通，去培养学生的人文通感，才能使学生体悟文科之魅力，掌握文科之精髓。

可喜的是，“强基础”已经逐渐在各界达成共识，但还需要我们继续优化“强基础”的机制和环境，统筹协调“强基础”的顶层设计，在人、财、物等各方面给予基础学科更多的支持和倾斜，赋予基础学科更多的自主权，吸引更多的人才从事基础研究，在“强基础”中，让新文科“行稳致远，进而有为”。

以笔者所供职的学校而言，它和很多百年老校有着根本上的异曲同工。以文理见长，并由这个“基础强”的老本走向多学科、综合性、研究型。当“强基础”成为新文科背景下的新的共识后，若是再进一步揭揭河南大学的老底，我们会看到这个以文科见长的学府有着与北大、清华、复旦、南大、武大、山大等等高校更多共同的底色。很多时候，当我一个人在月色下漫步的时候，也会静静地对我们百年来的新文科反思一下。回眸冯友兰、嵇文甫、赵纪彬、范文澜、董作宾、任访秋等一代名家在河大一路走过的历程，尽管不乏“春华”与“秋实”的底气，但我们更难以忘记其中的“筚路”与“蓝缕”。在这个意义上，新文科建构的再出发就不是另起炉灶那么简单，更不是所谓简单的复兴与振兴一句标语口号式的自我激励所能成就。“承前”才能“启后”，我上面所说的“不折腾”也是这个意思。或许只有我们保持对黄河文明与可持续发展研究中心这一跨文理学科、黄河文明协同研究中心这一社科交叉平台、河南大学人文高等研究院这一基础交叉学科的定力与自信，并以此构建本土的中国学术话语体系，才有可能真正实现人文社会科学或说新

---

① 参见［法］狄尔泰：《人文科学导论》，赵稀方译，华夏出版社 2004 年版。

② 参见［德］卡西尔：《人文科学的逻辑》，关子尹译，上海译文出版社 2004 年版。

文科的振兴与繁荣。近来同仁们围绕“黄河学”以及本科实验班的设计以及对高研院以问题意识为导向的驻研学者路径的探索，都是针对新文科建设所作的深入思考。当然，具体到每个学科及其每所大学，尽管价值取向具有一定的一致性，但举措和章法却不好强求，或不能一刀切。不过，有一点可以肯定，采用书院制以及通读经典的宽口径做法不失为一种事半功倍的选择。换言之，新文科的构建与再出发有很多支点和进路，至于究竟如何设计，各家自然都是自有高招，尽可以各显神通。

四、结语

汉宋之争久矣，近世以来的中体、西用、科学、人文以及当下的学术、思想之争无不充盈着各方的博弈。我们无意于“旧文科”的剑影，也无意于新文科的号角，我们于此倡导的是博古通今的真学问，培育明体达用的新人才。一言以蔽之，工匠我们需要，工匠精神我们也需要。同时，博学的孔子、柏拉图，博大的老子和苏格拉底之大师我们也需要。在当今专业化呼声愈来愈高的今天，以强基固本为导向的新文科的建构势在必行。只是，不折腾的思维乃是我们理性思考的底线。

最后，我还想指出的是，新文科在以新为马的当口，还是不能忽视这样几个关系：一是新旧之分可能带来的次生问题。不言而喻，文科尤其是人文学科的守成与传承远比超越或说创新难得多。在某种意义上，守正比创新难。对祖先馈赠的文化遗产，我们应该轻拿轻放、谨言慎行。二是处理好强基础（内驱力）与抢机遇（时代性——与社会接轨）的关系。“基础不牢，地动山摇”，时代发展中的机遇无处不在，每个时代有每个时代的机遇。为抓机遇而抓机遇不但会失去捕捉机遇的能力，而且还会因对什么是真正的机遇之判断而马失前蹄。机遇从来都是对有判断力、有捕捉力并且有应对（挑战）力而言的，否则就没有什么机遇可言。三是价值有涉与价值无涉的关系。价值无涉是哈贝马斯提出的一个概念，意思是指从人文学科衍生出来的社会科学如何价值中立的问题，即我们所说的尽量客观化、数据化，避免主观的情感价值判断。这对社会科学来说虽然存在一些争论，却可以努力“春秋”它，但对以文化作为历史投影的人文学科来说，确碍难从命。它的历史文化、民族传统不能不具有鲜明的意识形态印记，这是不必讳言的。

简而言之，摆在我们面前的新文科命题既有定力的问题，也有如何避免民族性的这一具有家国情怀的人文性窄化与矮化，从而走向开放的具有世界或说天下胸怀的大道的格局问题。在我者与他者、守成与创新、回归与超越之间如何筑起一道

“从心所欲”的“矩线”，这冥冥之中的“一线”是文脉，也是宿命。就此而言，那句租赁老夫子《论语·里仁》中的“一则以喜，一则以惧”名言作为标题以示交加参半的心理也就不那么令人费解了。

（原载《中华读书报》2020 年 8 月 6 日）

用科学精神引领新文科建设

张　江*

新文科建设是最近几年的一个热门话题，不仅引起教育界、社科界的广泛关注，社会各界都在关心这一问题。这个问题之所以热门，是因为它关系到人文社科自身的发展创新，关系到人文社科培养什么样的人才，以及如何培养人才的问题。更重要的是，这个问题直接关系到人文社科如何适应日益深化的社会变革，如何服务日新月异的时代需求。归根结底，新文科建设的意义不仅在于学科自身，更在于社会发展。从这个意义上讲，新文科建设不是一般性、补丁式、表面化的创新，而是学科定位、专业布局、评价体系的全面创新。

全面创新当然是一个目标，实现这个目标首先需要一个突破点。这样一个突破点，要能够从根本上创新人文社科的学科特征，还要能够切实可行，行之有效。笔者认为，这个创新点就是学科之间的交叉融合。我们知道，学科是现代性的产物，是知识分化的结果。学科的形成既与知识的分类密切相关，也与知识生产的高度专业化密切相关。学科构成了知识生产的结构，规定着学术生产的理念、方法、目标和流程。面对纷繁复杂的世界，它既是理解和探索世界的一种方式，也在有意无意之间重新分割了这个世界，重新构成了这个世界。甚至可以说，世界因学科而断裂。

比如，我们常说“文史哲不分家”，意思是说，文、史、哲这三个学科具有非常密切的内在联系，“不分家”的意思不仅是“不要分家”，而且是“不能分家”。但现实的情况是，无论是从人才培养还是从科学研究来看，文、史、哲不仅分了家，而且隔膜越来越明显。又比如，我们经常讲，诗、乐、舞在起源上三位一体，不可分割，但事实上，在现代社会、在现代学科体系中，诗、乐、舞相互之间的壁垒越来越严重。再比如，对文本的阐释问题，或者说阐释学的问题，它是有关意义的理解和解释的学科，属于基础学科，甚至应该说属于基础学科中的基础学科。阐

---

* 张江，中国社会科学院原副院长，中国社会科学院大学教授。

释学以哲学、文学和语言学理论为基础，涉及历史学、文化学、社会学、心理学、人类学、宗教学等问题，反映出学科之间相互交流、渗透和融合的趋势。我们可以说阐释学具有明显的跨学科性质，其本身就是“反学科分化”的一个结果。这当然不是要否认学科分化的意义。事实上，没有学科分化，就没有现代科学，没有现代科学就没有现代文明，没有现代文明，我们也就不可能在这里坐而论道，探讨学科交叉融合的意义。

笔者所要强调的只不过是，学科分化让我们掌握了更清晰地看待这个世界的种种显微镜，让我们拥有了更轻松地看到远方世界的种种望远镜，但是，这些显微镜或者望远镜很可能是有色眼镜，它帮助我们了解这个世界，也同时向我们遮蔽了这个世界。就这个意义而言，强调学科之间的交叉融合，实际上就是要突破学科分化的这个有色眼镜，尽可能地面对世界本身，面对事物本身，回到问题本身。

今天我们的主题是新文科建设，是人文和科技的融合问题。60 年前，英国学者斯诺在演讲中就谈过这个问题。他认为，整个西方社会的智力生活日益分裂为两个极端的集团，人文知识分子与科学家之间存在着互不理解的鸿沟，双方都荒谬地歪曲了对方的形象。产生这种局面的根本原因就在于学校教育太过专门化。斯诺的演讲尽管论证粗疏，也没有提出好的解决方案，但是他提出的问题本身却是非常关键。而且，60 年后的今天，人文与科技之间仍旧是壁垒森严。对于这个问题，本人也深有感触。我们现在各行各业都有很多专家，其中有些专家被老百姓戏称为“砖家”。为什么会这样？其中的原因固然很多，很复杂。但是有一点，我认为也和现代社会的学科分化有关系，和人文科学与自然科学的相互脱节有关系，体现在研究自然科学的一些专家缺乏人文关怀和价值判断，研究人文社会科学的一些专家缺乏科学精神和科学素养。他们共同的特点是脱离社会现实，视野、格局和方法上都严重受制于所在学科的规定性，受制于这种规定性带来的种种局限性。因此，自然科学研究如果不融合一些人文精神，或者不在人文精神之光的照耀下发展，它的意义和方向就可能出问题；同样地，人文科学研究如果缺乏自然科学的科学精神，如果缺乏基本的科学素养，它的结论和价值也必然缺乏坚实的根基。

人文科学和自然科学是人类思想发展的两个维度，它的均衡发展尤其重要，是人类社会全面持续进步的保证。人文科学和自然科学在最高的层次上是同源的、统一的，如果说自然科学着重于解决“是什么”的问题，那么，人文科学则着重于解决“应该怎样”的问题。整个学术史其实既是一个学科不断分化、不断专业化的过程，也是一个学科不断交叉、重新整合的过程，这两个方面交融互渗。现代社会，从表面上看，自然科学和人文科学的区分日益加大，界限日益清晰；从内在关系上看，自然科学和人文科学之间的关联越来越紧密，自然科学的发展越来越需要人文科学的引导，人文科学的发展越来需要自然科学的支撑。人文科学和自然科学的交叉融合就是要逐步打破学科之间的既有界限，以交融互渗、协同共享为途径，对传统学科进行改造、转型和升级，培育新的学科生长点，实现路径创新、方法创新、理论创新、模式创新。简而言之，交叉融合是发展趋势、是创新路径，也是无法绕开的现实需要。

那么，对于人文学科而言，应当从自然科学中吸取什么？笔者认为重点有二，一是自然科学的科学精神，二是自然科学的科学方法。

首先是科学精神。科学精神是一种以客观事实为依据、尊重客观规律、实事求是的精神。具体到人文研究，科学精神就是立足客观事实，依照理性要求，求真务实；按照基本逻辑规则梳理思想，表达见解。坦言之，人文研究缺乏科学精神的问题相当普遍。这样的例子有很多。比如，阐释文本的意义，应该从文本出发，依据文本，有理性，有逻辑。不从文本找根据，不讲基本的逻辑关系，那阐释的还是这个文本吗？阐释还有什么理性可言？有什么价值可言？当代西方文艺理论讲文学阐释的开放性，这没有问题。但是，只讲开放，不讲约束，只讲一千个读者眼中有一千个哈姆雷特，不讲一千个哈姆雷特仍然是哈姆雷特，不可能变成堂吉诃德，也不可能变成玛格丽特，这显然也是有问题的。对文本的阐释是一个不断从文本出发又不断回到文本，不断放飞意义又不断从文本中寻找意义起降点的过程。不讲根据，不讲逻辑，阐释从何而来，阐释的价值又如何实现？

研究阐释，就要研究阐释的规则，研究阐释学的基本概念。概念混乱，阐释学作为一个学科还能有什么意义？最基本的，到底是“阐释学”“诠释学”，还是“释义学”“解释学”？这是一个基础性的也可以说是一个根本性的问题，它关系到不同的阐释路线，关系到中西阐释学之间的对话关系。大家可以有争议，可以相互保留意见，但不能说这个问题不重要。再比如，文学作品意义的开放性问题，一直以来学界对此争论不休。安伯托·艾柯写了一本《开放的作品》，于是许多人就跟着喊作品是开放的，把阐释的开放当成了作品的开放。可是，阐释具有开放性就一定意味着作品具有开放性吗？阐释具有无限性也意味着作品本身的蕴含具有无限性吗？作品和对作品的阐释显然是两个不同的概念，前者着眼于作品的自在规定性，后者着眼于读者和作品之间的关系规定性，我们不能因为自在规定性否定关系规定性，但也不能因为关系规定性而否认自在规定性。毋庸讳言的是，很多关于文本阐释的讨论中，存在着基本概念混乱、概念的内涵游移不定，甚至是偷换概念的问题。包括艾柯自己，在丹纳讲坛上，主张作品开放性的艾柯，当别人任意阐释他的文本时，他就不同意了，说自己的文本没有那么多意思，没有别人说的那些意思云云。

缺乏科学精神，还有一个表现就是，缺乏独立思考、追求思想进步的精神。坦率地说，我们现在很多人文研究就是低水平的重复。重复古人，重复洋人，食古不化，食洋不化，说自己半懂不懂、似懂非懂的话。动辄某某古人说什么，某某洋人说什么，就是没有我自己说什么。这当然和人文科学自身的特点有关系——人文科学的很多问题、基本性的问题，都是已经讨论了两千五百年还没有讨论清楚的问题。但这并不意味着对这些问题的讨论只能是拾人牙慧，只能是“嚼别人嚼过的馍馍”。食古不化，食洋不化，脱离古人的历史语境，脱离洋人的现实情境，静止地、孤立地、片面地看问题，把古人或洋人的片言只语当作金科玉律，当作普遍真理，当作不可逾越的雷池。其实这都是教条主义、本本主义的表现，是缺乏问题意识的表现，是缺乏历史主义精神的表现。比如，美国后现代主义哲学家罗蒂曾经宣告形而上学的系统哲学的终结，宣告分析哲学走入了死胡同，但他也同样坦陈后现代主义不是一条出路，后现代主义多半是破坏性的，没有什么正面的建树。我们的文艺理论、我们人文学科不去关注罗蒂思想的发展变化，不去研究他提出问题的语境和得出结论的方式，而是固守于罗蒂几十年前的观念，无异于刻舟求剑，缘木求鱼。归根结底，根本的原因在于缺乏独立思考的能力，缺乏追求思想进步的科学精神。

与科学精神相关联，自然科学的科学方法对于人文研究有着非常重要的意义。人文学科有不同于自然科学的价值追求，但是它的价值追求从来不能脱离人的存在的客观性；人文学科有不同于自然科学的研究方法，但是，这种研究方法的独特性同时也意味着研究方法的局限性。人文学科有自己的边界，但这种边界也不应该成为故步自封的借口。从历史的角度看，人文学科的发展一直就深受自然科学的影响。近代实验科学的崛起，转变了人们对人类精神价值的认知，也转变了人文学科研究演进的路径，可证实性和逻辑性进入了人文学科研究的基本规范，这极大促进了人文学科的发展。从现实的角度看，如果人文学科一味固守于本质主义或者非本质主义的自我追问和思辨，无视人存在的客观性，通过开放的边界保持与自然科学的内在联系，其功能的发挥和价值的展现得不到自然科学的有力支撑，就很可能自我封闭并从而走向自我循环的死胡同。

笔者在研究阐释的有限和无限的关系时，便借用了自然科学的方法，准确地说是引入了数学中 π 和正态分布的概念，用前者来描述阐释的有限和无限问题，用后者来描述阐释的公共性问题。从路线上，阐释可以分为“诠”和“阐”。其一，“诠”的最终追索是文本的自在意义及作者的本来意图，它的展开和实现，如同 π，无限且连续，各点位之间相互依存，以至互证，共同诠释 π 的无限意义。对“诠”而言，约束，有限，是为追求，但同样具有无限空间。其二，对“阐”而言，开放，无限，是为本征。“阐”是无限的，但无限的“阐”是真的能够永远无限下去吗？“阐”的有效和无效有没有一个可资判定的框架或标准？事实上，一般阐释结果的分布形态，就是概率分布。面对确定的哈姆雷特，一百万人的理解和阐释离散多元、不可预测。但是，众多的阐释结果，其分布将是标准的正态分布，服从正态分布曲线的描述。此分布规律，用于阐释学分析，其横轴为现象或文本呈现，其中线为公共理性对现象或文本意义的期望或可能接受结果，全部独立阐释的结果分布于曲线面积之内。相比西方同类理论，正态分布是呈现和说明阐释无限与有限关系的最好方法与工具。需要说明的是，与对自然现象的正态分布描述不同，阐释作为精神现象，其公共期望与方差很难定量，但是随着大数据的引入和数字人文研究方法的普及，这种借助数学模型对精神现象的描述，其意义或可进一步期待。这是笔者在人文研究中引入自然科学方法的一种尝试，成败自有评说，但这种尝试，还是有积极意义的。

总之，在新文科建设的过程中，学科交叉融合是一个非常重要的突破点，要用科学精神来促进人文研究，引领新文科建设。因为，对于人文社科研究而言，自然科学的具体成果固然重要，然科学精神以及由此而来的立场、信仰、思想方法才是关键。

（原载《上海交通大学学报（哲学社会科学版）》2020 年第 1 期）

新文科：智能时代的人文处境与历史机遇

陈跃红*

进入2019年，关于“新文科”的讨论渐热，这与其说是教育管理部门的倡导，倒不如说是大学文科教育发展的内在呼唤。国内大学文科教育走到今天，可以说成就斐然，但问题同样很多，特别是进入21世纪以来，人文学科日益边缘化，一直未有改善机缘。面对理工科的“日进斗金”，应用理科的“怡然自信”，金融管理等学科发展的“一骑绝尘”，人文学科除了得到国家保护的少数院系和少数“绝学”外，多数的状况其实都比较惨淡。这不仅仅是中国人文学科的现实，也是世界人文学科的处境。“专业停办”“减员”“预算压缩”，都是文史哲类学科常常迎头撞上的年度高频词语。不甘被边缘化的人文学者们，隔一段就会掀起讨论，不断呼吁和强调文科的重要性。这类声音虽多，但终究无补于事，看不到真正改变的曙光。这一回，从教育部层面开始提倡新文科，并且放到新工科、新医科、新农科同等重要的地位，确实有让人为之一振的感觉。特别是在全球性文科普遍的低潮境遇中，教育部发出这样的倡导，绝对算得上是灰暗背景中的一抹亮色。

一、何谓“新文科”

不过，这里刚刚提出新文科，另一边学者的质疑就开始了。何谓“新文科”，难道此前我们研究的都是旧文科吗？文科难道就是陈旧、落后、保守、要弃之如敝屣的代名词吗？新文科究竟能搞出什么新名堂来？提出这些质疑的大都不是外行人，人文知识分子那种动辄质疑、开口批判的职业性思维和话语习惯，一上手就把建设新文科的倡议推上了审判席。新文科试图改善文科处境的努力，很有可能淹没

* 陈跃红，南方科技大学人文社会科学学院院长、讲席教授。

在自己人的质疑声里。我的本意不是对文科同仁进行“嘲讽”，而主要是提醒大家要往“亮”处看。也许我们真的该认真思考，能不能通过更高远的周边环视和更前瞻的自我反省，挤开因循的屏障，以新的观察角度和视野去看看，能不能为文科的未来找到另一种革新的路径。其实只要大致浏览有关文件和官方的讲话，便可省去许多误会，眼下提倡的“新文科”，不是“新旧”之“新”，而是“创新”之“新”，是立足于新科技时代，为了未来创新型人才培养，对文科提出的提升要求。换言之，是要打造“2.0 版新文科”。那么，所谓“新文科”的特征面相，目前至少就有三个维度可供展开。

首先，我们需要先从文科自身学科建设的角度去理解新文科。文科这些年的边缘化，固然是市场选择和管理出位双重压力的结果，但是文科自我认知的“孤岛化”意识，同样也是边缘化的重要内部原因。这类孤岛化认知的原因，至少也可以从两个方面加以论述：一个方面是，在强调人文学科作为事关灵魂、道德、素质、修养等人类价值尺度的意义，即所谓“无用之用”的核心价值的同时，却有意无意地忽略了文科作为重要的社会创新生产力要素和“有用”文化资本的功用。人类历史的发展演进，曾经依赖过各种生产力要素的推动，所谓“资本”的定义和内涵也都在不断变化着。譬如原始社会的食物肯定就是一种资本；奴隶社会的人口当然也是资本；封建社会土地作为资本具有首要地位，权力资本也非同小可；从早期工业化到后期工业化，金融资本、技术资本依次登场；而到了互联网社会，信息资本脱颖而出。如今已经走进了以人工智能、自主系统应用、万物互联为大趋势的智能时代，文化作为重要的生产力要素和时代核心资本的身份从高科技领域开始骤然呈现。文科不仅仅是如布迪厄所言的“象征资本”，而今已是普遍可度量的“文化财产”，在智能化时代开始成为不可或缺和被社会追逐的资本对象。关于这一变化，恐怕一些文科学者的认知还稍显滞后。

纵观现在的文化产业，影视剧、动漫、游戏、文创产品的 GDP 贡献率日益升高，科技进步使得人们越来越超越物质温饱的欲求改善，转而追逐精神富足和享受自主。满世界的人们，从自己厌倦的地方到别人厌倦的地方去消磨时间、精力和金钱，亿万人绕着地球转圈。所有公共场所、交通工具和客厅卧室里，人们日夜捧着手机阅观。那么，我们究竟在消费什么？当然不是萝卜白菜，也不是大米猪肉，而是在消费文字、文化、文学、艺术、影视等精神资产。如果承认以往的文科对文化的“有用”相对忽视，对人文作为资本和生产力要素的关注不够，那么未来推进的新文科，就完全有必要突破“无用之用”的围墙，从“有用”的范畴去确立新的发展模式，有必要走出文科发展的“孤岛”，与社会融合共创，成为相互交融的智能社会的创新型文科。

其次，从未来创新人才培养的学科知识平台建设考虑。人文社会科学在新型人才培养的知识体系中，其功能也有必要超越通常认定的基本文化素养建构、道德伦理堤坝夯筑、人文灵魂健全哺育的标准框架，进而担负起新的职责，如跨学科想象力和创造性思维能力的培养等。正是基于新文科的育人观念，南方科技大学所确定的通识教育理念就不乏新文科的味道。其特征就是：除了完成国家教育部门关于大学通识教育的基本知识内容外，更注意突出文科课程作为文化创新思想源头和文化资本生产力潜在价值的知识内容讲授，由此着意培养学生跨越理工、医、文多学科的学术想象力和创新创意能力，经由人文作为资本和生产力要素理念的普遍渗入和认知，使得学生能够突破专业畺界，形成创新性思维和创造意识。在此过程中，逐步将学生培养成具有文理交叉视野的新型人才。

二、新文科建设的重心

基于新的育人理念，南方科技大学作为一所面向新型人才培养的国际化创新型理工特色大学，其新文科建设的重心被归结为三个方面：

第一，为全校学生提供符合创新人才培养的、全覆盖性的一流通识教育。人文学院将文科通识课程分为三大类加以体系化建设：一是一般通识系列，如外语、艺术、写作与交流、中外哲学导论、古代史专题、科学与文明等。二是创新通识系列，如中外经典精读、数字语言学、想象力入门、科幻创作、科技考古、工程与技术伦理等。三是跨学科能力通识系列，如艺术设计的绘图解决、创新空间设计导论、生成式新媒体设计等。这些课程初步实施的效果明显，同学对文科通识入选课程的选修热情大增，不少课程选课甚至出现秒抢的局面。

第二，根据学校的理工特色和智能时代的新环境，将文科学术研究定位在具有文理工交叉融合的特色科技人文研究。学院完全打破文科通行的研究机构封闭体制，实行领军教授为主的 PI（课题组长负责）制管理，将自主项目、纵向项目和横向项目三方面融为一体，整体推动科技人文特色研究的学术目标，并依此建设一系列实验室和研究中心，譬如智能语音实验室、空间与媒体实验室、微天文台、科学与人类想象力中心、计算人文学研究中心、文化遗产实验室、新媒体与视觉文化实验室等。南方科技大学开展了诸如中国科幻产业化趋势研究、科技考古与文化遗产研究、粤港澳大湾区青年创新文化研究、大型警用方言语音数据库研究、深圳城市创新空间研究、考古陶瓷标本数据库建设等。仅仅实施两年就产出了一系列研究成果，出版了十多本著述，发表了百余篇论文，研究成果先后被中央电视台、凤凰卫视、《人民日报》《光明日报》《中国教育报》、“知识分子”公众号等著名媒体报道。

第三，关于新文科的推动，可能要从更长远的意义上去考量它的未来。如果仅仅是从文科自身的学科修补去反思，或者从人才培养新平台的路径去改革，显然是不够的。我们也许更应该从未来智能社会的人才需求和大学功能代际蜕变的前景，去关注新文科的长远可能。熟悉大学发展史的人都清楚，今日大学的理念和分科格局虽然是发源于文艺复兴和启蒙主义精神，但从知识谱系看，大学的迅速发展更是工业革命的产物。尽管关于大学文理分科的争论可以追溯到古希腊时代，并且一直以来文理关系始终存在着无尽的历史纠缠，但是我们又不得不承认，文、理、工分科始终是大学的基本存在格局，并遵循着各自的基本逻辑去发展。一般讲，理工科主要遵循科学逻辑发展，探究物质世界和人类社会物质存在的奥秘，追求科学真理，强调既定性又定量的精确量度，学科价值讲求对错、正误等；而文科则遵循人文逻辑发展，主要探讨人类社会的精神性存在状况，学术追问更多属于以定性为主的非精确性量度，学科目标追求人类存在和社会发展的意义、价值、公平、正义等。

三、新文科的历史机遇

如今，以人工智能应用为标志的新科技横空出世，万物互联的智能社会正在走向可能。这种颠覆性的科技进步，伴随诸如量子科学、脑科学、生命科学的进展，使得今日的科技状况与工业革命时期已经完全不可同日而语。从相对论开始，对宏观宇宙和微观世界的探索就在不断颠覆人类的“三观”，黑洞、反物质、量子计算与传输、智能自主系统、基因改造与创造、多维世界认知等领域的探索，正不断带来对既有物理世界和生物世界曾泾渭分明关系的颠覆性认知。就当下的人工智能技术领域而言，其与人文的关涉已经不仅仅是些伦理和意义难题。随着语言和图像处理技术、神经网络计算、情感计算、脑机关联研究、演化以及优化训练的研究推进等，科学逻辑与人文逻辑在一些领域已经出现了握手言和的趋势，以至于有人开始发出人工智能究竟是工科还是文科，是技术领域还是人文领域的学科定位追问。

此刻，当人文学科在不断抱怨和忍受边缘化处境的同时，科学技术研究和应用的人文气息却大有日渐浓烈之势。此时，人文学科如果还是继续蹲守在“孤岛”上看热闹，可能会被智能时代新一轮大学学科格局的重构革新所落下。文科未来将要面对的，恐怕主要不是昔日的辉煌与今日之边缘的对比反差，也不是在人文学内部简单跨越整合，并非有点“数字人文”的说法便能逆转当下的尴尬处境，人文学科是要真正面对和走进新科技的疆场深处，去看明白文科在智能时代的真实处境，在文科的学科格局再造中，去探寻历史可能昭示的新生密码。

（原载《探索与争鸣》2020 年第 1 期）

新文科建设的理路与设计

周毅　李卓卓*

一、我国新文科建设的战略意义

（一）建设现代化大国和科教强国的需要

以一流人才支撑一流国家建设，是强国崛起的基本逻辑。国家创新发展的硬实力和软实力，归根结底都要依靠人才实力。培养什么样的人才，如何培养高质量的人才，也同样是哲学社会科学教育的时代命题，也是新文科建设面对的机遇和挑战。2016年5月17日，习近平总书记在哲学社会科学工作座谈会上发表重要讲话时强调："要按照立足中国、借鉴国外，挖掘历史、把握当代，关怀人类、面向未来的思路，着力构建中国特色哲学社会科学，在指导思想、学科体系、学术体系、话语体系等方面充分体现中国特色、中国风格、中国气派。"① 基于此，新文科建设的目标是培养具有新时代中国特色、中国风格、中国气派的先进文化，培养优秀的社会科学家。哲学社会科学应立足中国现实，植根中国大地，把当代中国发展进步和当代中国人精彩生活表现好、展示好，把中国精神、中国价值、中国力量阐释好。创新是哲学社会科学发展的永恒主题，也是社会发展、实践深化、历史前进对哲学社会科学的必然要求。新文科无疑是对哲学社会科学人才培养的新尝试。

（二）彰显文化自信和培育新文化的需要

新文科建设是以文化人、以文育人、以文培元的使命的具体履行。习近平总书

---

* 周毅，苏州大学教务部部长、教授；李卓卓，苏州大学社会学院档案与电子政务系副教授。

① 《习近平在哲学社会科学工作座谈会发表的重要讲话》，《人民日报》2016年5月17日。

记提出，“文化文艺工作、哲学社会科学工作就属于培根铸魂的工作”，坚定中国特色社会主义的道路自信、理论自信、制度自信，说到底是要坚定文化自信。大规模的文化建设构成了物质成就的精神或灵魂，文化自信是一种精神力量，它只有在物质领域发展的特定阶段上才会得到高度的凝聚；但它一经形成，便会成为一种贯穿于各种认识和实践活动的支配力量。新文科建设是社会主义先进文化的重要载体，对提升国家文化软实力具有重要意义。一方面，新文科建设要培养具有文化自信的文化建设主力军，并将文化带入实践中，关照和表达民生，传承和发扬文化；另一方面，新文科建设培育的人才应能推动中华优秀传统文化创造性转化和创新性发展，讲好中国故事，满足人民群众日益增长的文化生活需要。

（三）参与并融入国际交流语境的需要

新文科建设要尝试重新构建学科体系、学术体系与话语体系，这是培养发出中国声音、形成中国主张、推广中国经验人才的需要，是形成有中国特色的哲学社会科学学派的需要。体现中国文化的一脉相承，开放包容，面向未来围绕我国和世界发展面临的重大问题，着力提出能够体现中国立场、中国智慧、中国价值的理念、主张、方案，更好地用中国理论解读中国实践。如何培养新文科人才，一方面，为全面提升人文社会科学学术原创能力、思想引领能力、学术话语体系构建与传播能力、国际学术影响力，打造一批人文社会科学学术人才基地和原创思想策源地，强基固本，进一步融入国际交流和深度对话中，发扬中国文化、传播中国思想；另一方面，秉持开放包容的大国态度，将优秀人文社会科学吸收和借鉴到先进文化中来，形成有独立主张的中国理解和阐释，积极参与和融入多元国际合作和全球治理中，发出中国声音。

（四）应对科技创新、产业革命和新经济的需要

互联网、数据技术等新技术改变现有产业结构、产业形态和产业内容，催生新产业的诞生，主要体现为产业的数字化和智能化。信息技术与人文社会科学的融合已经成为一个国际趋势，新文科建设是实现哲学社会科学与科技革命交叉融合在高等教育的实践。这不仅促进了人文社会领域教育和科研在对象、内容、过程、方法以及结果上的革新，同时也催生出新兴的产业内容或领域，产生了新的人才需求和定位，如数字内容产业、数字文化产业、数字创意产业等。同时，在互联网、大数据和媒体融合的助力下，已有的人文社会科学成果可以在数字化平台上得到更大范围和更有穿透力的显现、传播、共享和增值，发挥出新的社会效益和经济效益，这也催生出社会对人文社会科学人才培养的新要求。

（五）高校进行专业结构优化调整与人才培养模式改革的需要

高校专业建设要服从和服务于科技进步和经济社会发展需要，要把社会需求作为高校专业设置和优化调整的第一准则。新时代高校教育教学改革的关键任务之一就是要主动适应和引领新技术、新产业、新业态、新模式，优化高校专业布局，实现人才培养结构、培养模式与国家需求相匹配，专业体系、人才培养体系与产业链、创新链等相衔接。专业是人才培养的"基本单元"。因此，从这种意义上看，专业结构的优化调整是决定我国高等教育能否实现高质量发展的关键一环。我国高校现有为数不少专业的培养目标与定位比较模糊，专业核心能力与核心素养不够明确，课程体系与课程内容无法有效支撑专业培养目标和学生毕业素质要求的达成。此外，一个特别明显的不足是，有关专业在人才培养方案的设计上往往囿于单一的学科或专业门类界限进行课程设计，较少进行跨学科、跨专业的主题课程开放选修，也没有给予学生更多的学习选择权。这种文理科、文科各专业之间的隔断或界限不利于跨学科交叉的创新人才培养，也不利于人才培养匹配社会需求。新文科的建设旨在改变现有文科教育模式，推动文科人才培养模式和教育组织形式的变革。

二、新文科的内涵与特征阐释

（一）新文科的含义

新文科提出至今学界尚没有非常明确的界定。我们认为，新文科的内涵主要体现在两个方面：一是以现有文科专业为基础，赋予文科专业人才培养的新内容。即在现有专业内涵基础上，以保证其专业核心能力与核心素养为前提，适应科学技术和社会发展的新需求，不断更新教学内容，推动教学模式改革。二是在文科人才培养模式上实现跨学科专业的新突破，即突破现有文科人才培养的学科专业限制，在更大范围内实现文理、文科各专业之间的交叉，对文科人才培养的基本理念、目标定位、组织形式、课程体系等重新认识或实现结构重塑。由新文科内涵创新驱动的文科教育改革，不仅体现在对现有文科专业教育教学内容的再认识与再深化和本硕博人才培养过程的贯通衔接，而且也体现在运用新理念对文科人才培养模式和实现路径的全方位探索。这两者相互依存、相互支撑又相互补充。前者是基础性的改革，后者是深化性的改革。本文重点阐述的是后者。

（二）新文科的特征

在新文科中，文科是指人文社会科学。新文科的“新”主要体现在以下四个方面：

1. 新交叉

在推进文科建设与人才培养改革的实践中，目前主要做法一般是在文史哲融通、政经哲融合等人文社会科学领域相关学科专业之间实现整合。例如，苏州大学通过成立“文治书院”，从中国语言文学、历史学、哲学等相关专业中选拔部分优秀生源，尝试进行“文史哲卓越人文学者”的培养实践；北京大学等通过跨专业类进行PPE（政治、哲学与经济学交叉）等的人才培养实践。上述做法都不同程度体现了多学科专业融通或融合培养，从而实现“厚基础、宽口径”的人才培养目标。从实践模式上看，这种融通或融合都有独立的人才培养方案或课程组合模块，但如何解决好学科专业或知识体系之间的科学衔接和有机组合却是一个难题。这种在人文社会科学领域内各专业之间所进行的交叉尝试我们可以将其看作是一种对传统文科的升级改造和文科人才培养模式改革的初步深化。

在更大跨度范围内进行学科专业交叉人才培养也是新文科的应有之义。对此，国外已经进行了一系列本硕博人才培养的实践探索。一个较为典型的案例就是在STEM（Science，Technology，Engineering，Mathematics）基础上又逐步演进为STEAM。它增加了艺术学（Arts），包括广泛的人文科目，如社会研究、语言、形体、音乐、美学、表演等，其主要目标是改进工科交叉学科的创新能力和批判性思维，突破了STEM只强调技能的限制。① 这给我们的启示是，在新文科建设中，突破人文社会科学的限制，在文理、文工等范围内进行更大跨度的学科专业交叉，更加强调思维、素质和能力的全面提升，这将成为新文科建设的一个重要选项。

2. 新功能

新文科具有重要的文化属性，新文科的发展将为文化自信的确立培养人文社会科学人才。而文化是以多样化的形式存在的，不同国家、不同民族、不同时代的文化各有其形态、内涵和特点。② 新文科的发展，要以文化自信为指导，即文化自信基于文化底蕴和文化胸怀，激发出文化创新创造活力，是推动新时代文化多样化发展的重要因素。新文科归根结底就是要发现、表达、传播、挖掘、保存和创新文化。新文科的主要功能应该体现为三个方面：第一，文化固力。即能在不同学科和

---

① 参见胡天助：《STEAM及其对新工科建设的启示》，《高等工程教育研究》2018年第1期。

② 参见教育部习近平新时代中国特色社会主义思想研究中心：《文化多样化新特点探源》，《人民日报》2019年3月22日。

领域发现、累积和沉淀文化，包括工科、医科和农科中的文化发现、挖掘和保存，揭示工科、医科和农科理论和应用中独有的文化价值，例如我国的中医中药文化数据库、我国“一带一路”经贸发展数据库等的开发和数字化。第二，文化贯通。即能通过文化连接不同知识和专业领域，创新诠释和表达文化，体现共同文化的相通和对话，发挥文化的规模化效益，例如一些智能制造工业旅游景点的开发、经典名著相关数字创意教育产品和网络游戏的开发等。第三，文化带动。即以文化为主线贯穿在不同专业领域上，实现文化的创新及衍生并带动新兴产业的发展，例如数字传播技术支持下的诸如网络、移动电视、手机、数字报刊等媒体，形成了传统传播手段与新兴传播技术交互作用，促成传统形态与新型形态的文化产品并存，促进新型文化业态和文化消费模式不断出现，文字数码化、书籍图像化、阅读网络化的发展促进新兴数字文化、数字产业和数字技术的发展。

3. 新范式

新文科的提出是第四范式在文科教育中的应用尝试和实践探索。20 世纪 60 年代以来，在新兴技术发展的强劲支撑下，人文社会科学研究的方法发生了重大变化，伴随人文资料的数字化及其网络分享，人文知识的获取、分析、集成和展示所形成的数字化场景，彻底改变了人文学者进行人文资料组织、标引、检索和利用的习惯，以全新格局接续人文研究，并维持一致性和高效性。[①] 人文科学、社会科学以及自然科学中惯习的第三范式，是指遵从问题是什么、有什么假设、提出问题、搜集数据再进行验证，它主要关注的是问题或数据之间的因果关系。而第四范式则是先有了大量的已知数据，然后通过计算得出之前未知的理论。第四范式为人文和社会科学研究提供了“第三只眼”——数据之眼，即可以通过对数据采集、分析和挖掘，发现和揭示新的问题，再运用和发展相应的理论，使得理论基于数据和事实，它更多关注的是问题或数据之间的相关关系。这也打破了人文社会科学研究“单打独斗”的封闭研究模式，转而走向开放和共享的协作研究和学习模式。[②] 人文社会科学研究可以摆脱“独狼式”的工作方式，学会与不同学科背景的学者共同完成研究项目。这也意味着，人文社会科学不仅需要在方法论和研究范式上的创新，更需要学科体系和教学模式上的同步改革。

4. 新路径

新文科建设突出强调文科教育的质量发展路径。新文科需要从两个模式上来推动实现：一是对现有文科人才培养模式、课程体系与内容等进行升级改造，其目标

---

① 参见刘炜、叶鹰：《数字人文的技术体系与理论结构探讨》，《中国图书馆学报》2017 年第 43 期。

② 参见王涛：《数字人文的本科教育实践：总结与反思》，《图书馆论坛》2018 年第 38 期。

是引导现有文科人才在已有行业或专业领域中发挥创新和引领的作用，从而实现该专业领域内卓越拔尖人才培养；二是直接对接新兴领域的实践需要，培育或创造一个全新的文科人才培养路径，以适应新兴领域对文科人才的特定需求，这类专业培养应具有明确的指向性和针对性。如果是要实现人文社会科学与理学、工学的更大跨界融合、交叉，在文科人才培养模式上也应突破既定的路径或方法依赖，在微专业、自定义辅修专业建设与实践基础上实现专业建设与人才培养模式的突破也是可能的选择。无论是实现何种模式，都是文科教育在质量发展路径上的探索和实践，以培养高质量文科人才为总目标，建立专业、课程和基地的高质量标准，将质量优化作为新文科专业转型升级、再造创新的指导思想，健全和完善系统的文科教育和人才培养的质量管理体系。

（三）新文科的人才培养改革基本要求

新文科建设的推进必然伴随着人才培养改革，它体现了文科教育的几大创新。

1. 文科教育的新理念

与新工科、新医科和新农科的目标一致，新文科首先要树立能力与素质并重的培养理念，实现创新性高质量文科人才培养。通过对文科知识结构和知识体系的重建，在教学模式与课程组织形式等方面实现全方位改革，从而突出本科教育对文科人才创新意识和创新能力的培养。具体而言，就是要改变以往文科教育强调理论基础和思辨能力、忽视实践操作和动手能力，重视科研论文产出、忽视文科成果的多样化形式表达呈现等现象，推动文科本科教育和人才培养在定位目标、学生发展、成果产出等方面的全方位转型。

其次，在新文科教育中要导入“学生中心、成效导向、持续改进”等工程教育认证理念。“以学生为中心”就是在新文科教育体系中要从学生发展、学生成长等基本要求出发，从新文科培养目标的精准定位出发，通过课程体系与课程内容支撑学生毕业能力与素质要求的充分实现，助力学生成长成才；“以成效为导向”就是要长期跟踪和评价学生的培养成效，并将有关评价结果运用到新文科人才培养目标、方案和实现过程的持续改进，从而形成一个高效的人才培养闭环系统；“以持续改进为原则”就是要通过对文科人才培养全过程的质量控制和总结反思，不断丰富和充实新文科本科人才培养的目标与内涵，从而实现对新文科教育成果与价值的可测量与可评估，从过程和结果上推进文科教育的高质量发展和实践。

2. 文科教育的新定位

为人文社会科学研究、公共文化服务、社会治理实践等培养具有创新创业能力、跨界整合能力的高素质人才是新文科的使命。这就决定了文科教育需要在遵循人文社会科学基本规律的同时，注重与社会发展和技术革命相呼应。人文社会科学研究的研究对象、研究方法、研究范式的变革和中国学科体系、学术体系与话语体系建设的新需求，以及新技术、新方法和新手段的新变化，均对文科教育的发展定位提出了更高要求。文科教育的新定位要求文科人才不仅需要有扎实的本专业相关知识，更需要能主动兼容、学习和吸收其他相关专业的知识或技能，在跨界、融通、整合和合作中实现文科教育的创新发展。

3. 文科教育的新结构

一直以来，我国文科人才培养规模不小，但学科专业的结构性矛盾较为明显。有些学科专业与社会需求不对应，一些学科专业的低层次重复建设现象严重；有些学科专业社会急需，却发展缓慢。同时，不少文科专业在教育内容上理论与实践的联系也不密切。这些教育结构性矛盾是加剧文科毕业生就业难的重要原因。[①] 因此，通过新文科建设，建立起一种文科人才培养结构的动态调控机制，也是当前深化文科教育体制改革的重点和难点。一方面，从整体出发，对文科教育体系进行规划，对现有文科学科专业进行存量调整，精选和优选一流文科专业建设点，对部分文科专业进行整合调整，明确定位和方向，统筹规划，因地制宜、因校制宜、因课制宜地建设和共享一流课程，细化新文科专业和课程布局的共享粒度，优化资源配置，作出大文科对大文化的现实回应和精细落实；另一方面，建立开放包容渗透关联性的文科体系，通过多学科专业的交叉融合，特别是文理工交叉融合实现新专业的增量优化。即突破文科内浅层次简单交叉，解决和哪些学科交叉、如何交叉等问题，以人才培养目标的明确定位和社会需求的引导为原则，持续深化文科教育教学的改革，实现学科专业的科学交叉和融合。

4. 文科人才培养的新模式

文科人才培养可以借鉴工程教育专业认证的理念和要求，明确能力结构、素质要求与课程结构和课程内容的映射关系；引进质量管理理念，对教学过程和结果、人才培养体系等进行全流程控制，建立质量评价体系，接轨国际化联合认证体系；建设一流本科专业并进行一流专业的认定，实现新文科教育流程重组和结构再造相结合。在课程体系与课程组织方式上，突出项目化课程与实践环节的要求，特别是与文创内容的结合，这对文科教育整个体系的功能规划、学习资源建设、学习环境设计、学习方法创新、组织运作方式和学习测评方式都将带来一定的影响，强化教育方法与现代技术在新文科教学实践的植入；将创新创业教育融入全过程，这就要求文科学生的能力素养需要进行升级，在项目化学习过程中，培养学生创新能力、沟通能力、批判性思维能力、竞争与合作精神等。培育文科教育的创新文化，深化

① 参见浩歌：《增强文科教育的改革创新意识》，《中国高等教育》2009 年第 8 期。

跨院校、跨行业和跨领域的协作，充分利用数字化学习资源，提升学生的数字素养，开设和行业需求相匹配的课程，利用研究和创新中心，生成和实现新创意。

三、一个新文科建设的构想与实现：以数字人文专业方向为例

开设数字人文专业方向是跨学科交叉融合的人文社会科学人才培养，是创新学科布局和新文科人才培养改革的重要尝试，也是适应新时代哲学社会科学发展、哲学社会科学与新一轮科技革命和产业变革交叉融合新需求的重要举措。

（一）国内外数字人文专业的发展

数字人文（Digital Humanities，DH），源于人文计算（Humanities Computing），是在计算机技术、网络技术、多媒体技术等新兴技术支撑下开展人文研究与教育而形成的新型跨学科领域。数字人文的产生在本质上属于方法论上的创新，核心目标是将现代信息技术融入人文领域，从而改变知识的获取、标注、比较、取样、阐释与表现方式，实现人文研究与教学的升级和创新发展。将数字人文作为新文科建设的尝试，契合了当前数字文化、数字内容和数字创意的产业需求。培养这些新兴领域的专门人才，可以专门从事数字文化相关的顶层设计、项目管理、产品经理、产品规划和设计等。

目前欧美发达国家在很多大学内建立了跨学科的数字人文研究中心。其中，较为知名的研究中心如美国斯坦福大学的计算机辅助人文研究中心和斯坦福人文实验室、MIT 的 Hyper Studio、南加利福尼亚大学的数字人文研究中心、马里兰大学的人文技术研究所、英国伦敦国王学院的人文计算研究中心、日本立命馆大学的京都数字文艺研究中心等。同时，还有许多国际组织和协会支持数字人文的理论和实践。2001 年，弗吉尼亚大学在研究生课程中开设数字人文课程。2005 年，英国伦敦国王学院率先成立了数字人文博士学位授予点。随后的十几年中，欧美地区从本科到博士，共计几十所高校开设了数字人文专业。美国有几十所大学开设了数字人文课程，如斯坦福大学、马里兰大学、佐治亚理工学院、弗吉尼亚理工学院、加利福尼亚大学洛杉矶分校等。欧洲数字人文学会（EDAH）网站显示，意大利博洛尼亚大学、比利时鲁汶大学、英国伦敦国王学院、爱尔兰科克大学、德国帕绍大学、荷兰阿姆斯特丹大学、瑞士日内瓦大学、瑞士洛桑大学等共计21 所大学开设了数

字人文课程。[①] 数字人文教育呈现快速发展的态势，英国伦敦国王学院、德国帕绍大学从本科到博士阶段均开设了数字人文专业。目前，iConference 已经组建了数字人文专业委员会，研究制订数字人文专业的培养方案、核心课程等。

我国数字人文教育起步相对较晚。2011 年，我国首个数字人文研究中心在武汉大学成立，它也是 centerNet 亚太联盟五大创始成员之一。此后，武汉大学持续开展了一系列有关数字人文的学术沙龙，积极推进数字人文教育发展；2016 年 1 月，北京大学与清华大学共同组织了以数字人文为主题的大会，上海大学、南开大学、南京大学也都召开了数字人文研究和实践的国际研讨会；2018 年，中国人民大学开设了与此相关的荣誉课程学位项目。数字人文在我国已引起学术界关注，但目前各高校尚未开设相应的专业或进行成建制的数字人文专业人才培养，系统开展数字人文人才培养的探索尚未起步。

（二）苏州大学数字人文专业实验班的主要设计思路

在分析国内外数字人文教育发展的基础上，苏州大学明确了以数字人文专业实验班作为新文科教育尝试的几个导向。

1. 目标素养的复合化

重视数字素养和人文素养的结合，重视人文学科人才知识结构的调整，重塑人文专业教学模式。数字人文专业的设计进一步明确了数字人文专业相关性学科圈，确定了相关专业和院系的实施范畴。数字人文专业的人才培养直接面向数字文化、数字内容和数字创意产业的社会需求，培养既能从事顶层设计和开发，又可以进行数字人文项目的产品设计和开发的产品经理，兼具人文素养和数字素养，不仅具备人文学科基本专业知识，还要适应数字环境技术和技能的更新，具有创新性、批判性思维，协同协作、问题解决等能力，以填补信息技术和社会文化诸多交叉领域的现实人才缺口。

2. 以点带面的试点化

为了给数字人文专业实验班的人才培养积累资源，总结经验，在实验班启动建设和实践初期，设想提炼出 3～5 门核心课程，形成一个课程组并以“微专业”的形式向全校所有专业学生开放，若再辅之以完成相关项目作为必要条件，学生即可获得数字人文辅修专业学习经历。这种从点开始的探索，不仅可以形成数字人文专业的核心能力与核心素养，而且在教学组织和人才培养方案的科学性上也可以为数字人文专业面上的推广积累经验。通过数字人文“微专业”的植入，带动文科相关

---

① 参见杨晓雯:《欧美高校数字人文教育研究——以英国伦敦国王学院数字人文系为例》,《情报探索》2018 年第 7 期。

专业的转型升级和质量优化，带动文科资源的优化配置和流程重组，培育和发现新文科一流专业新的增长点和突破点。

3. 人才培养的特区化

人才培养的特区化有多种不同体现方式。首先是学生选择的灵活性。数字人文专业实验班学生来源计划是在全校文科各专业中进行二次选拔，同时赋予学生二次选择毕业专业的权利，可以通过毕业专业确认、转专业等方式完成实验班学生出口通道的多样化选择。其次是人才培养方案的模块化（“2+2”模式），即学生在修完原专业课程后嵌入数字人文专业课程，设置数字人文核心课程（即学位课程）的课程体系，嫁接在学生已有的两年专业学习中，后两年关于数字人文专业知识的学习一般通过课程和项目捆绑方式，强化人文社会科学专业学生知识的转化能力、应用能力和实践能力。再次是专业学习要求与保障政策的特殊性。即该专业学生以完成数字人文的项目设计为毕业基本条件。为此，在数字人文项目库建设与组织上就必须有特殊政策保障。数字人文项目库主要涉及两个方面，一是汇集和整理已有的开源数字人文工具、软件和数据，二是自建各类数字人文项目的数据库。例如，各类人文专题数据库和古籍文本数字化建设，基于 GIS 的各类历史地理信息可视化项目，基于数字古籍语义分析的历史与档案项目，基于文本挖掘与统计的文学、新闻、话语与传播项目，基于数据库的法律条文、文书、证词项目，基于语料库的计算语言学项目，基于视频捕捉、运动分析与虚拟现实的民族文艺项目，基于图像分析、色彩还原和数字重建的考古与历史建筑，基于互联网的学术出版、专题资料库与知识门户社区建设项目等。为了使上述两类数字人文项目库在人才培养上发挥重要支撑和保障作用，学校不仅要有专门机构（专门的数字人文研究机构或图书馆相关部门）负责汇集、整理相关数字人文工具，而且要组织立项一批师生可共同参与的数字人文建设项目，并形成比较成熟的项目库。这就需要学校在资金、政策等方面进行特别支持。

4. 运行载体的实体化

以现有相关学院为依托，或成立专门的书院来组织数字人文实验班的具体教学。在人才培养的依托载体方面，成立实体学院或采用文科书院制，或者选择挂靠现有学院都是可行的方案。近十年来，苏州大学通过上述不同形式已经积累了进行跨学科、跨专业本科人才培养的相关经验，人工智能实验班是以现有某个学院为依托联合多个学院共同完成人才培养；同时，学校也成立了唐文治书院和敬文书院进行跨学科人才培养的改革。其中，唐文治书院的定位是“打通文史哲，培养卓越人文学者”，其运行机制是将文史哲等专业学生从入学开始就集中住宿、集中培养（一个统一的人才培养方案），它是典型的第一课堂教学组织模式；而敬文书院虽然是集中住宿制书院，但其学生都有自己的所在专业和专业学院，并按各自的专业人才培养方案完成培养，在第二课堂实现更多的通识教育和体验课程。数字人文实验班不管是使用上述依托、挂靠某个学院还是成立专门书院作为运行载体，其教学组织模式的设计是在学生学习两年相关专业后再嵌入数字人文课程模块，并更多地体现出科教、产教融合的特色。科教融合即是学生参与数字人文项目研究与设计，产教融合则体现在师生参与的数字人文项目或产品及其衍生品等均有一定的市场价值，并能够成为数字内容产业的重要组成部分。

5. 研究力量的集成化

为了集聚来源于多学科背景的师资参与数字人文实验班的教学与项目研究过程，在学校层面可以通过设计成立一个数字人文研究机构来实现这种资源集成与整合。这个数字人文研究机构是数字人文实验班的办学依托和实践基础，它可以发现、整合和重组学术资源，承接各类型研究和实践数字人文项目，为数字人文项目交叉研究和团队合作提供组织保障。同时，该机构在定位上也可以成为校内外数字人文教学与研究资源共享的一个平台。

6. 教学组织的项目化

以“项目”作为数字人文实验班教学的基本组织形式，促进学生学习成果的实践性和显性化。以往人文学科的学习成果难以显性化，并多以论文为主要成果形式，难以体现其现实价值，而数字人文注重项目化学习与实践，在每个学习阶段都能产生不同层次编目标引或数据库成果，且每个层次的成果都能易于进行直接利用、二次开发和数据关联，产生规模化和系列化的实践应用成果。通过项目化的学习组织，师生共同参与项目的全过程，通过数字人文项目的选题调研、项目计划书的设计、数字资源组织、模型构建、系统迭代、数字产品或其衍生品推广等，这不仅可以改进学生的学习体验，促进学生积极参与创造性问题的解决和高阶思维活动，从而使其创新创业能力得到提升，而且也可以有效促进项目成果的产出和转化。

7. 问题探索的自主化

数字人文实验班可以探索问题导入式的学习模式。数字人文项目的一个显著特点是通过资源数字化、可计算和数据挖掘，促进学生重建语境，发现感兴趣的切入点，从而形成学生自主发现问题、探索问题的问题导向学习模式。针对数字人文项目本身的这个特点，在本科人才培养改革实践中，可以通过跟踪学生与在线环境和学习资源的交互数据，析出学生的学习特征并量化评估学生的学习效果。而且这种析出数据、评价效果的过程又可能成为新的数字人文研究项目被投入教学组织过程。这种以探索问题为中心的学习模式，将会为新文科建设与人才培养提供有益的经验积累。

综上所述，新文科建设是我国新时代高等学校本科人才培养改革的一个全新构想，对其理念、内涵与特征的分析研究是所有人文社会科学理论工作者和教育工作者的共同使命。本文以苏州大学数字人文专业实验班为典型样本所进行的新文科建设，可以为已经和即将展开的新文科人才培养改革实践提供一个参照。

（原载《中国大学教学》2019 年第 6 期）

新文科视野下中文学科的重构与革新

马世年*

一

2018年8月，在全国教育大会召开之前，中共中央发文指出“高等教育要努力发展新工科、新医科、新农科、新文科”，“新文科”概念正式提出。2018年10月，教育部决定实施“六卓越一拔尖”计划2.0，在其中的基础学科拔尖学生培养计划中首次增加了心理学、哲学、中国语言文学、历史学等人文学科，新文科建设的思路初步显现。2019年5月，教育部、科技部等13个部门正式联合启动“六卓越一拔尖”计划2.0，要求全面推进新工科、新医科、新农科、新文科建设，全面实现高等教育内涵式发展。至此，新文科建设开始启动，随后引起广泛关注。近日，教育部高教司吴岩司长在高等学校专业设置与教学指导委员会第一次全体委员会的讲话中，进一步从“质量革命”的层面，对“四新”的重要性作了特别强调，并且针对新文科专门指出：“我们一定要让新文科这个翅膀硬起来，中国高等教育飞得才能平衡、飞得高。”① 可以看出，新文科的建设已经成为今后我国高等教育所要着力推进的核心工作。

“新文科”的启动，对于传统的文史哲学科无疑是一种重大的变革，其影响也是全方位的。在联合国教科文组织将“教育和知识作为全球共同利益”“秉承人文主义教育观和发展观”的“反思教育”理念下②，如何面对新文科建设的契机、应

* 马世年，西北师范大学教授。

① 吴岩：《在高等学校专业设置与教学指导委员会第一次全体委员会的讲话》，光明校园传媒，2019年6月26日。

② 参见联合国教科文组织：《反思教育：向“全球共同利益”的理念转变?》，教育科学出版社2017年版。

对新文科带来的挑战，也是传统文科所要深入思考的问题。具体到中国语言文学学科，则涉及学科内涵、专业结构、课程设置、教学方式以及人才培养的目标、任务、模式等一系列的方面，这些都是今后中文学科在新文科建设中所要特别关注的。不过，我们首先要理清几个理论上的问题。

第一，新文科不仅仅是一个学科建设的问题，更是一种方法论。新工科、新医科、新农科、新文科，从表面看分别聚焦工、医、农、文诸学科，各有领域、各成体系，因而是学科建设的问题。但是，如果考虑到新文科提出的背景与过程，我们对此问题就会有更为深入的认识。习近平总书记《在哲学社会科学工作座谈会上的讲话》中，特别强调要加快构建中国特色哲学社会科学，“在指导思想、学科体系、学术体系、话语体系等方面充分体现中国特色、中国风格、中国气派”。党的十九大报告进一步指出，要“加快一流大学和一流学科建设，实现高等教育内涵式发展”①。所以，在国家率先启动新工科、新医科、新农科的建设之后，新文科的提出也就是顺理成章的必然之事了。从根本上说，新文科的目标，向上支撑构建中国特色哲学社会科学的国家战略；向下涉及人才培养、立德树人的重要任务；中间则关系高等教育改革发展的未来方向。这不是单纯的学科建设所能完成的，必须依靠整个哲学社会科学的发展才能实现。因此，新文科的提出，内含新时代文科建设的核心问题，意在整合高等教育发展中的各种力量，全面推动文科的内涵式发展。这是我国高等教育理论上的创新与实践，无疑具有方法论的意义。

第二，新文科不仅仅是一个简单的新概念，更是一种新理念。2017 年，美国希拉姆学院提出了“新文科”的概念，主要指对传统文科进行学科重组、文理交叉，把新技术融入哲学、文学、语言等诸如此类的课程中，为学生提供综合性的跨学科学习。② 显然，希拉姆学院的“新文科”更加侧重学科交叉，尤其是新技术在文科当中的运用。与之相比，我国的新文科建设，则是在习近平新时代中国特色社会主义思想的指导下，立足于整个高等教育的改革与发展，因而在内涵上有更为广泛的开拓，其意义也更为深远。它要解决的是当前整个文科面临的基本问题，从而改变我国高等教育结构布局中学科发展不平衡、不充分的问题。“我们必须改变教育的形态，必须改变教育的结构，必须改变教育的理念，必须改变教育的标准，必须改变教育的技术，必须改变教育的方法，必须改变教育的评价，必须改变教育的体

---

① 习近平：《决胜全面建成小康社会　夺取新时代中国特色社会主义伟大胜利——在中国共产党第十九次全国代表大会上的报告》，人民出版社 2017 年版，第 10 页。

② 参见王之康：《新文科：一场学科融合的盛宴》，《中国科学报》2019 年 5 月 8 日。

系。从形式到内容都要来一场革命，从物理变化必须到化学变化。”① 这些仅仅依靠技术层面的革新是无法实现的，需要更深层的理念变革。所以，新文科不仅仅是一个简单的概念，它更是当前中国高等教育改革的新理念。

第三，新文科不仅仅是对传统文科的外部改革，更是一种文科内部的自我革新。这里涉及新文科与传统文科的关系问题。一时代有一时代之文科。新的时代变革当中，文科问题尤其引人关注。我们要看到，新文科不是对传统文科的简单否定与替代，而是传统文科在新时代的合理发展，“传统文科教育完成了其担负的历史使命；新文科的提出，是时代赋予的新使命，两者并不是简单的替代关系”②。同时，我们也必须看到，新文科的出现也是对传统文科的改革与纠弊，和传统文科自身存在的问题、不足乃至缺陷有着直接的关系。20 世纪以来现代大学的专业设置，特别重视学科的细化，这无疑有利于研究的深入与专精，却也因此带来专业隔阂与学科壁垒——这在当前我国的文科教育中表现得尤其明显。同时，现代信息技术的发展，也对传统的文科提出新的要求。大数据、云处理、人工智能等技术手段所带来的全新场景、研究工具、思路方法等，使整个文科都在发生深刻变化，旧有模式已经不能适应新的时代需求。所以，新文科也是传统文科的自我革新。而且，这种缘于内在要求的革新较之于外部的推动，要愈加紧迫，也愈加彻底。

二

中国语言文学是中国大学史上最早开设的专业之一，出现于 20 世纪初。1898 年京师大学堂创办之初，即有“文学”科目，但尚未设立作为一种独立组织形态的系科。1902 年，京师大学堂师范馆设立中国文学门；1910 年，分科大学开办，北京大学中国文学门作为文科的一个教学建制正式成立，1919 年改称“中国文学系”。这也标志着中国语言文学作为独立学科得以确立。20 世纪50 年代，全国高校院系调整后，国文系改称为“中国语言文学系”，学科涵盖语言和文学两大类。历史地看，20 世纪初“国文”学科的设立，既是西学东渐、文化转型下现代大学制度的产物，同时也是中华民族危难之际救亡图存的民族意识凸显的产物，与“整理国故，再造文明”的国学一样，都有民族自救的特别目的，其历史意义与现实价值是新文科建设不容忽视的。

---

① 吴岩：《在高等学校专业设置与教学指导委员会第一次全体委员会的讲话》，光明校园传媒，2019 年 6 月 26 日。

② 陈鹏：《“新文科”要培养什么样的人才?》，《光明日报》2019 年 5 月 20 日。

20 世纪 80 年代以后，学科分类日渐严密。按照《授予博士、硕士学位和培养研究生的学科、专业目录》（2005 年）对学科门类的划分，中国语言文学包括语言学及应用语言学、汉语言文字学、文艺学、中国古典文献学、中国古代文学、中国现当代文学、中国少数民族语言文学、比较文学与世界文学等 8 个二级学科，每个二级学科下面，又分若干个研究方向。中国语言文学的本科专业，根据《普通高等学校本科专业目录》（2012 年），一级学科为中国语言文学类，二级学科包括汉语言文学、汉语言、对外汉语、中国少数民族语言文学、古典文献等 5 个专业。可以看出，无论是博、硕士研究生的培养与学位授予，还是本科的专业设置，在学科划分上越来越细致、具体；同时，学科内部的隔膜也愈加突出，这导致中文学科在人才培养中普遍存在领域限制、视野狭窄以及专精有余、博通不足的问题——这也是新文科所要解决的核心问题之一。

中文学科应该怎样应对新文科的挑战呢？

我们认为，在新文科的理念下，建设和发展新的中国语言文学，需要凸显四个方面的特征：重人文，重原典，重融通，重创新。借用“新文科”的说法，可以将其称之为“新中文”。“四重”也是我们认识“新中文”内涵的基本视角。

首先是“重人文”。人文学科，尤其是文学所关注的根本问题，说到底是人的问题——关于人的思想、观念、情感、心灵以及价值取向等。“文学即人学”就是这种最朴素也最基本的认识。两千多年来的中国文学的传统，一百多年来的中国文学学科的传统，在关注人的心灵与情感、关注人性的发展与审美的趣味上，毫无疑问是共通的。语言学（包括汉语言文字学）尽管偏重于研究语言与文字的客观属性，可是，随着现代语言学的哲学转向，原本作为认识世界工具的语言被赋予了本体的意义，语言不再只是工具而已，它就是世界本身，用海德格尔的话说，“语言是存在的家园”；而汉字中所蕴含的文化信息与审美意蕴，更是世界上独一无二的，是中华民族认同的重要文化资源。可以说，中国语言文学最直接地体现着人文精神，因而其所培养的，就是富有人文精神与人文情怀、富有人性眼光与审美趣味的人。这一点无论是传统文科还是新文科，都是一脉相承的。中文学科的人文性还体现在“立人”“全人”的教育上。《论语》说：“君子不器。”（《论语・为政》）又说：“子以四教，文行忠信。”（《论语・述而》）“兴于诗，立于礼，成于乐。”（《论语・泰伯》）主张培养博雅君子，培养完全的人。“新中文”就是继承与弘扬这种人文传统，从而实现立德树人的培养目标。

其次是“重原典”。文、史、哲等人文学科特别强调基础文本的阅读，尤其是对原典的阅读。各学科都有其原典，这是学科得以构建的根本。学习者的基本任务之一就是研读这些原典著作，从而夯实专业基础，这也是整个文、史、哲学科的共通之处。然而，一个时期以来，因为多种因素的影响，原典阅读被忽视，甚至被边缘化，文科学生读原典少乃至不读原典的现象普遍存在。“新中文”建设的重要任务之一，就是要让学生回归原典阅读，强化学生的专业基础。进一步说，原典著作本身具有经典性，回归原典也就是回归经典——经典阅读的意义就更为深远了。经典是历史上最有价值、最有力量的著作，一个人、一个社会、一个国家、一个民族的精神维系，就是通过经典的传承得以实现的，这也就是西方学者所说的“Great Reading”。近年来，这种回归在很多高校的中文学科都陆续推行，“原典精读”“经典重读”“经典导读”等课程相继开设，渐已形成共识，显示出学科自我革新的动力。不唯中文如此，其他如历史、哲学等学科同样要求回归原典、回归经典阅读，这一点也是新文科建设所必须坚持的一个基本方向。回归原典也就是回归传统，文、史、哲学科的创新，脱离了传统是不可能实现的。当前许多高校的国学专业，培养的核心就是引导学生阅读文、史、哲的基础文本——很多基础文本在学科之间都是共通的，中文专业读，历史与哲学专业也读。这就真正回到原典本身了。

再次是“重融通”。学科交叉、学科融合或融通是大家关于新文科的普遍认识与期望。新文科提出以后，学科融合就成为讨论的热点之一：不仅是文、史、哲等人文科学的融合，也包括人文科学和社会科学的融合，还包括人文社会科学和医学、生物科学、信息科学等自然科学之间更为深广的交汇融通，从而形成文理交叉、文医交叉、文工交叉等新兴领域。这样的期待自然非常吸引人，不过，就某一学科而言，也不宜过于随意，将学科的融合任意延伸。学科融合不是学科之间的简单叠加，而是一件非常复杂也非常艰苦的工作，我们不能将文、史、哲的融合看作是课程的简单拼盘，也不能将人文科学与社会科学生搬硬套，更不能将人文社会科学与自然科学机械交叉，说到底，融合的点在哪里、融合的度如何把握、怎样融合——这才是最关键的方面。基于此，我们认为，“新中文”的学科融合，首先在于中文学科内部的融通，这是中文学科必须解决的问题。2019 年 4 月 11 日，北京大学中文系召开了“面向未来：中文学科建设与学术创新”研讨会，将中文学科组建为“中国古典学”“现代思想与文学研究”“语言与人类复杂系统研究”三个学科平台，这是学科内部消除隔膜、促进融通的引领风气之举。其次是文、史、哲学科之间的融通。这也是近年来许多高校积极探索的方面。北京大学、清华大学、中国人民大学、复旦大学、武汉大学、郑州大学等高校或者设置国学院，或者设立人文科学实验班，或者采取书院式的教学方式，目的都是打破学科壁垒、实现学科之间的融通。当然，学科融通不是取消中文、历史、哲学的学科设置，作形式上的整齐划一；也不是内容上的“一锅烩”，千人一面、千部一腔。而是强调学科基础的融通，在夯实基础的同时，还要体现出各自的学科特性，避免培养出“中文不如中文系、哲学不如哲学系、历史不如历史系”的学生。至于人文科学与社会科学、人文社会科学与自然科学之间的融通，一定是立足于学科前沿，基于所要研究的具体课题，坚持“问题导向”，充分参考、借鉴、吸纳、采用相关学科的视野、方法、思路、理念等作深度的融合，尤其避免“学科+新技术”之类的简单相加。

最后是“重创新”。新文科的提出，本身就是开创性的。因此，面对新文科的要求，中文学科的创新也是全方位的。对此，我们可以从以下五个层面去理解：一是课程内容的创新。“新中文”的课程设置，一定是体现原典思想、融通学科内部、融合相关学科的，也是富有文学特质与人文精神的。二是培养方式的创新。上文所说书院制、国学院、人文科学实验班等都是近年来的新举措。除此之外，“新中文”还需要在导师制、学分制以及协同与共享等方面做进一步的探索。三是评价体系的创新。新文科不同于传统文科的根本方面，就是评价方式的改变；同样，中文学科的评价体系也是亟须改革、创新的，“新中文”需要建立更为切实、更具特色也更加符合中文学科特性的评价体系。四是研究范式的创新。当代信息技术的高度发展，各种新技术的广泛应用，已经完全改变了传统中文学科的研究范式，从研究领域、研究内容到研究思路、研究方法，整个学科都发生着巨大的变化，不断突破着已有的研究模式，“新中文”对此要作切实的推进。五是学生创新能力的培养。传统文科的显著问题之一，就是学生原创性不足，创新能力不强。新文科建设的根本目的，就是要培养出真正具有创新精神的文科拔尖人才。同样，这也是“新中文”建设的出发点与归宿点。中文学科的改革是否成功、新文科建设是否成功，这是唯一的标准。

（原载《西北师大学报（社会科学版）》2019 年第 5 期）

数字时代的新文科通识教育

严　程*

“新文科”理念的提出，不仅面向人文社会科学领域的专业建设，也为长期以来受到高等教育界关注的通识教育指出新的发展方向。具有中国特色的高等教育建设实践，必须着力探索一条兼顾文化自信和时代要求的通识教育之路。“新文科”之“新”，包含通识教育理念一贯秉承的融合交叉主张，同时又解除了传统文科仅仅作为人文素质课程输出者的困惑。“对传统文科进行学科重组、文理交叉，把新技术融入哲学、文学、语言等诸如此类的课程中”的指导思想，使新文科得以重新审视自身在数字化浪潮中的定位，真正做到以“人”的培养为核心目标。

一、消除隔阂与成见

传统人文社科领域并非铁板一块，经典的文学、历史、哲学、艺术和新兴的政治学、教育学、新闻传播学、社会学等学科，各有其历史传承或发展脉络。然而，从新兴人文学科的成长路径可看出，这些后起之秀往往是传统人文领域与自然科学结合的结果。无论是定性、定量的研究方法，还是依托新技术、新媒体的人才培养模式，都有赖于科技的新发展。显然，在数字化时代即将甚至已然到来的今天，仅靠个别学科点对点的接触与结合，已不能满足新形势下社会建设对于人才的需求，也无法解决数字化浪潮中个人发展所面临的专业瓶颈。在这一背景下，新文科应运而生，同新工科、新医科、新农科一样，为高等教育的专业单元整合提出可行的思路。

事实上，从通识教育的角度而言，新文科的提法较之借鉴西方的学科体系天然具有文化自信的基础。《礼记·学记》中提出的理想“大学之道”，即有“知类通

* 严程，清华大学人文学院教师。

达，强立而不反，谓之大成”一说，将“通达”视为培养能够“化民易俗”之人才的最高标准，置于研经治学的能力之上。可见，这一融合理念能够给予新时代人才的，不仅是不同学科领域的专业知识和视野，更是人文精神与家国情怀。因此，重新实践《论语》中所说的“博我以文”的育人主张，有助于未来学者更好地传播中国思想、传承传统经典、发出中国声音。

然而，新文科不能流于表面，更需警惕古代“道统”学术体系忽视“技”“艺”“数”等能力的前车之鉴。原本作为“六艺”存在的“礼、乐、射、御、书、数”，在后世越发功利的官僚培养体系中被简化为迎合科举的狭窄甚至单一科目，不但使全面发展的“通人”逐渐消失，而且客观上限制了古代数理科学的发展，甚至付出了整个学术体系遭到置换的代价。如果将新文科视为移植西方教育体制之后的再一次重大学科改革，那么处在“百年未有之大变局”时代的这次尝试，应该且必须着眼于特殊的时代背景，为数字时代的文科基础建设、教学研究和输出范式探索新的可能，展示哲学社会科学与新一轮产业技术革命交叉融合所产生的新变化。

二、服务人文素质教育

可以预见，在新文科的背景下，人文学科必将输出兼具思考深度和学养厚度的通识教育课程。这一期待要求从事通识教育工作的人文学者不但需对大文科有更深入和广泛的理解，还要真切关注理、工、农、医等各个学科领域的进展与需求，更重要的是关注学生的内在诉求与动力。具体而言，传统人文所必需的文、史、哲自不必说，国际视野所要求的人文地理、国际政治及语言素养也很早就进入大学教育的视野；致力于提供研究方法和解决现实问题的法学、管理学、社会学则亟待走出学科框架，与呼唤理论方法和实践对象的统计、计算和人工智能相碰撞；天然具备交叉属性的心理学、经济学、计算语言学等门类，显然更不必囿于学科壁垒和唯论文论的僵化思路，大可解脱束缚，投身学科融合的教育实践。

以清华大学为例，近年来不断完善“以通识教育为基础、通专融合”的办学思路，积极探索通识教育的创新实践。在300余门通识课程和丰富的文化素质讲座之外，清华大学又于2018年秋季学期首开通识写作课，为所有学科门类的学生提供说理性写作教学，并给予每位学生个性化写作指导。目前在岗的写作课教师，都具备丰富的文理学科背景和较好的人文素养，在教学实践中不以单纯传授人文知识为目的，而是提供兼具人文内涵和理性思维的写作指导，与新文科推行的交叉融合主张不谋而合。在拔尖人才培养方面，“钱学森力学班”这样的特色班级甚至要求本科生每学期必选一门人文专业“硬课”而非“读写认证”类通识课程，这在提高理工科学生人文专业能力的同时，也对文科专业课老师提出了新的挑战。应对这种挑战的最好方法不是将某些课程或教师划入“通识教育”行列，令其专为其他学科服务，而是在“新文科”理念的号召下调动尽可能多的人文学者重审传统学科壁垒，认识数字时代专业流动的可能性，接纳并参与其中，面向需求而非面向专业传道授业。

三、吸收数字时代新通识

从新文科自身的主体性问题上来看，通识教育绝不仅仅是人文领域的单向输出，更应是未来人文学者探索新视角、新方法、新范式的重要机遇。

全球化时代的新视角，一方面来自人文领域跨文化、跨语际的频繁交流，另一方面也受到技术革命跨学科、跨行业飞速发展的影响。当下，即使是一位古典学的研究者，也很难不注意自己所关注的文本、语言、时代之外的新知与新见。这些新知与新见可能来自不同地区的新发现，使用不同语种表述，甚或成为不同领域的研究对象。以“家族志”研究为例，这一传统历史领域的专门研究，如今已为社会学、生命科学乃至视觉传达领域所关注，并取得了令人瞩目的进展。因此，未来人才所需的广阔视野使多学科通识背景成为必需的起跑线。这里的“多学科”不仅指向新文科内部，也包含任何可能的交叉学科。

新视角带来的新方法，同样正以惊人的速度影响数字时代的人文学术。以“人工智能”“大数据”等概念为例，这些词汇十年前还只是出现在科幻电影和计算机学科的高精尖研究报告中，数年间已渗透至自然科学甚至人文社科领域，对社会生活的方方面面产生巨大影响。这时，传统人文学科皓首穷经的时间成本为新技术所大大缩短，各种数据、算法、工具层出不穷，从最基础的数据库应用到顶尖的机器学习，无论学习者还是研究者都将从中受益。如 2018 年国家社科基金重大项目“基于大数据技术的古代文学经典文本分析与研究”及其子课题“基于人工智能技术的古典诗歌分析系统构建”，将古典诗词与当代数字技术相融合，为传统经典提供了全新的研究视角。在这样的培养和研究环境中，即使是古典文学专业的学生，也必然感受到数字化通识学习的动力与压力。

新的表达与输出范式似乎不会那么快地颠覆传统，但种种迹象表明，这一改变已悄然而至。最直观的体现可以从文字表述说起。一方面，不能熟练掌握规范有效的学院式写作和表达成为制约当代人才培养的短板，亟待通过训练加以补足；另一方面，仍有很多无法也不必使用长篇文字来表述的成果，可以通过可视化的方法呈现，甚至可诉诸注重操作和互动的线上体验来分享。传统人文学科以论文为标准的评价体系，难以涵盖数据库、应用平台甚至知识图谱等人文研究与探索取得的成果，而“新文科”的提出及早些时候破除“四唯”的发展理念，则为这一通路扫清了障碍。在信息化时代，对未来创新型人才而言，能够用最适合的方式表达自己的观点或呈现自己的发现，必然是十分重要的一课。这一课不仅来自写作，也可能来自统计、艺术、媒体甚或体育等通识课程。

新文科才刚刚开始，但通识教育已讨论了近百年之久，然而二者似乎具有天然的相关性，并在数字化、信息化的今天产生了奇妙的化学反应。早在 20 世纪 40 年代，梁思成就提出“文理分家会导致人的片面发展，只有技术没有人文思想的是空心人，只有人文素养而没有现实技术的是边缘人”的观点，支持文理通识。在当下学科发展的语境中回顾这句话，仍然具有现实启示——培养时代所需的高素质创新人才，首先仍要“育人”。对“大家”与“通人”的期待，应从培育兼具人文思想、家国情怀与现实技术、前瞻视野的复合型新学人开始。

（原载《中国社会科学报》2020 年 7 月 6 日）

“新文科”拔尖人才培养质量的实证研究

张天舒*

一、问题的提出

习近平总书记2016年在哲学社会科学工作座谈会上指出，一个国家的发展水平，既取决于自然科学发展水平，也取决于哲学社会科学发展水平。一个没有发达的自然科学的国家不可能走在世界前列，一个没有繁荣的哲学社会科学的国家也不可能走在世界前列。2019年5月，教育部、科技部等13个部门正式联合启动“六卓越一拔尖”计划2.0，要求全面推进新工科、新医科、新农科、新文科建设，全面实现高等教育内涵式发展。吴岩司长认为，这是实现中国本科教育全面振兴的一场“质量革命”。

建设新文科的核心要义是要立足新时代、回应新需求，促进文科融合化、时代性、中国化、国际化，引领人文社科新发展，服务人的现代化新要求。努力实现传统文化的创造性转化、创造性发展，使之与现实文化相融相通，是文化人的时代任务。

这是一项外部正效益极强的工程。人文社会学科具有科学性和价值性的双重属性，使其与自然科学的专业、课程、内容相比具有典型的人文特质和社会品性。因而，它具有特殊的育人功能，培养学生掌握科学知识的基础上，树立正确的人生观价值观，增强社会责任感，涵养人文精神。

纵观世界高等教育发展史，现代大学肩负着引领人类精神发展的使命，研究型大学拔尖人才培养的核心目标是学术志趣的养成。“学术志趣”是基于内在的学术兴趣，有持久的学术研究的热情以及从事学术研究工作的期望，是拔尖人才养成的

---

* 张天舒，山东大学公共管理硕士教育中心副主任。

前提。拔尖人才之所以“拔尖”，不仅是指对专业领域知识的精深理解，还意味着他们能够对挑战性的知识进行改造、转向与创新，他们的“卓尔不群”恰恰意味着这个群体能够走不寻常之路，与根深蒂固的传统路径保持理智的距离，努力攀登创新的高峰。

本文借鉴阿斯汀的学习参与理论（Student Involvement），通过“I-E-O 模型”中的输入（Input）、环境（Environment）、产出（Output）要素，观察新文科拔尖人才培养中的学生参与过程，探讨新文科拔尖人才培养的质量现状与差异化特征。

二、研究设计与方法

（一）研究工具

本研究调查工具采用清华大学的“中国大学生学习与发展追踪研究”（CCSS）绿色问卷，学生参与过程性测量指标有学习投入度、学习动机、学习意义感与高阶学习行为等四个核心概念。“学习性投入”是指学生个体在有效教育活动中所投入的时间和精力，以及院校通过资源、政策、情感等方面刺激和支持学生投入到有效教育活动的程度，包括学业挑战度、主动合作学习水平、生师互动、教育经验丰富度、校园环境支持度等五大指标。“学习动机”包括学习动力源、学习动力程度等指标。

（二）调查对象

本调查的对象均为山东大学的全日制本科生，重点研究群体是新文科拔尖人才群体（尼山学堂学生）、经济学基地班群体；对照组为基础学科拔尖人才群体（泰山学堂学生）、全校人文学科学生、全校社会学科学生。

（三）统计方法

本文采用 ANOVA 统计分析方法，进行差异比较。目的是在控制外部环境变量的前提下，探明具体改革措施在不同群体之间产生的差异，以及不同学生群体间的共同点、解析不同点，从而找到新文科拔尖人才培养质量的改进方向和路径。

三、数据分析与发现

(一) 新文科拔尖人才群体的“学习性投入”指标差异分析

由表1整体检验结果发现，实验组与对照组群体的大学生之间，在“学习性投入”变量的五大指标上均存在显著性差异。单因素方差分析检验的结果为：“学业挑战度”（$F=9.97$，$p<0.001$），“主动合作学习”（$F=14.12$，$p<0.001$），“生师互动”（$F=18.48$，$p<0.001$），“教育经验丰富度”（$F=7.13$，$p<0.001$），“校园环境支持度”（$F=5.23$，$p<0.001$）。

表1 不同群体间“学习性投入”的差异

变量	新文科拔尖（平均值）	基础学科拔尖（平均值）	经济基地班（平均值）	全校人文（平均值）	全校社科（平均值）	F 值
学习性投入指标						
1. 学业挑战度	59.13	57.12	58.44	51.87	52.08	9.97^{***}
2. 主动合作学习	55.12	67.42	68.81	54.56	54.75	14.12^{***}
3. 生师互动	50.14	52.35	52.95	36.11	37.70	18.48^{***}
4. 教育经验丰富度	41.77	33.49	48.75	38.36	39.83	7.13^{***}
5. 校园环境支持度	75.35	77.17	81.04	72.55	73.21	5.23^{***}

注：$^{*}p<0.05$，$^{**}p<0.01$，$^{***}p<0.001$。

通过分类均值事后比较发现，“学业挑战度”指标上，特殊培养模式群体（新文科拔尖人才群体、基础学科拔尖人才群体、经济学基地班）的得分均高于传统培养模式群体（全校人文学科学生、全校社会科学学生），表明了特殊培养模式的学习难度高于传统培养模式；“主动合作学习”指标上，特殊培养模式群体中的基础学科拔尖人才群体与经济学基地班，显著高于新文科拔尖人才群体与全校人文、全校社科学生群体的得分，表明特殊培养模式内部也存在一定的差异性；“生师互动”指标上，特殊培养模式的三个群体得分均高于传统培养模式，表明实施了小班化教学、导师制等措施的特殊培养模式较传统模式，学生拥有了更多与教师交流、科研合作的机会；“教育经验丰富度”指标上，特殊培养模式群体中的新文科拔尖人才群体与经济学基地班学生的得分高于传统培养模式群体的得分，高于基础学科拔尖人才群体的得分，表明特殊培养模式中存在差异，新文科拔尖人才培养过程，更重视多元人群之间的互动；“校园环境支持度”指标上，特殊培养模式群体的得分高于传统培养模式群体，显示出不同学生群体之间，明显感知到学校优质资源投入力度的差异。

（二）新文科拔尖人才群体的“学习动机”指标差异分析

由表2整体检验结果发现，实验组与对照组群体的大学生之间，在“学习动机”变量的各题项上均存在显著性差异。单因素方差检验的结果是：“对所学内容感兴趣”（$F=5.45$，$p<0.001$），“挑战提升自我”（$F=3.13$，$p<0.01$），“就业/升学”（$F=2.70$，$p<0.05$），“满足父母或老师期望”（$F=3.24$，$p<0.05$），“本学期学习动力如何”（$F=5.85$，$p<0.001$）。

表2　　　不同群体间“学习动机”指标的差异

变量	新文科拔尖（平均值）	基础学科拔尖（平均值）	经济基地班（平均值）	全校人文（平均值）	全校社科（平均值）	F 值
学习动力源						
1. 对所学内容感兴趣	75.65	76.16	69.15	65.00	64.67	5.45^{***}
2. 挑战提升自我	76.93	74.50	75.94	67.73	69.29	3.13^{**}
3. 就业/升学	74.37	70.38	82.11	74.67	77.48	2.70^{*}
4. 满足父母或老师期望	57.69	53.50	64.16	59.21	63.63	3.24^{**}
5. 本学期学习动力如何	75.00	74.37	75.00	66.51	66.34	5.85^{***}

注：$*p<0.05$，$**p<0.01$，$***p<0.001$。

通过分类均值事后比较发现，本学期“学习动力”程度指标上，特殊培养模式的三个群体得分均显著高于传统培养模式群体，表明了经过高筛选的特殊培养群体学生的学习动机水平显著高于传统培养模式，也符合拔尖人才培养计划设计的初衷。而在“学习动力源”指标上，出现了明显分歧。在“内生性”学习动力源指标上，特殊培养模式群体得分显著高于传统培养模式，如“挑战自我”“对学习内容感兴趣”；而在“外生性”学习动力源指标上，特殊培养模式群体得分低于传统培养模式，尤其是新文科与基础学科群体，恰恰印证了前人研究“正是这种内在学术兴趣而非外来学术兴趣，可以持久支撑学术研究的热情”。

但是，特殊培养群体中的经济学基地班，在“满足父母或老师期望”“就业/升学”指标的得分却是各组中最高的，也同样说明了选择热门专业，未必是学生发自内心的愿望，往往沦为实现外部期望的手段与工具。

（三）新文科拔尖人才群体的“学习意义感”指标差异分析

由表3整体检验结果发现，实验组与对照组群体的大学生之间，在“学习意义感”变量的各题项上均存在显著性差异。单因素方差分析检验的结果是：“我专心致志学习时内心充满了快乐”（$F=3.03$，$p<0.05$），“我愿意学习因为它使我不断成长”（$F=6.60$，$p<0.001$），“学习遇到困难时我总会想尽办法克服”（$F=6.19$，$p<0.001$），“很多时候我不知道大学里学的东西有什么意义”（$F=2.57$，$p<0.05$）。

表3　　不同群体间“学习意义感”指标的差异

变量	新文科拔尖（平均值）	基础学科拔尖（平均值）	经济基地班（平均值）	全校人文（平均值）	全校社科（平均值）	F 值
学习意义感						
1. 我专心致志学习时内心充满了快乐	82.07	76.15	74.71	72.25	72.25	3.03*
2. 我愿意学习因为它使我不断成长	84.63	81.91	80.88	75.41	73.34	6.60***
3. 学习遇到困难时我总会想尽办法克服	83.35	80.67	80.88	73.73	72.91	6.19***
4. 很多时候我不知道大学里学的东西有什么意义	67.97	72.85	69.77	71.52	66.63	2.57*

注：* $p<0.05$，** $p<0.01$，*** $p<0.001$。

通过分类均值事后比较发现，“学习意义感”各指标上，特殊培养模式的三个群体得分均显著高于传统培养模式群体，表明了经过高筛选的特殊培养群体学生较传统培养模式的学生更知道自己需要什么，对学习过程也是“乐在其中”；更难能可贵的是，在面对困难时，新文科拔尖人才群体较传统培养模式群体高出10%以上，表明他们更愿意迎难而上、想办法解决，而不是选择逃避。

在反向指标“不知道大学里学到东西有什么意义”题项上，新文科与经济学基地班群体得分低于传统人文培养模式，符合新文科拔尖人才培养计划设计的宗旨，而基础学科拔尖人才群体的得分高于其他群体。

（四）新文科拔尖人才群体的“高阶学习行为”差异分析

由表4整体检验结果发现，实验组与对照组群体的大学生之间，在“高阶学习行为”变量的各题项上均存在显著性差异。单因素方差分析检验的结果是：“将概念、理论或方法运用于实际问题或新的情境中”（$F=4.38$，$p<0.01$），“通过了解某个观点、经验或推理思路的具体构成要素对其进行深入分析”（$F=12.36$，$p<0.001$），“评价某观点、结论或信息来源”（$F=5.20$，$p<0.001$），“综合不同信息，形成新的观点或理解”（$F=4.97$，$p<0.05$）。

表4　不同群体间“高阶学习行为”指标的差异

变量	新文科拔尖（平均值）	基础学科拔尖（平均值）	经济基地班（平均值）	全校人文（平均值）	全校社科（平均值）	F值
高阶学习行为						
1. 将概念、理论或方法运用于实际问题或新的情境中	60.25	71.20	73.47	61.39	64.27	4.38**
2. 通过了解某个观点、经验或推理思路的具体构成要素	74.36	77.51	77.79	62.43	61.92	12.36**
3. 评价某观点、结论或信息来源	74.37	68.75	72.85	61.17	60.69	5.20***
4. 综合不同信息、形成新的观点或理解	78.21	72.09	72.84	64.59	62.71	4.97**

注：* $p<0.05$，** $p<0.01$，*** $p<0.001$。

通过分类均值事后比较发现，“高阶学习行为”变量的各指标上，特殊培养模式的三个群体得分存在显著性差异。在现有“概念、理论和方法的应用”方面，新文科拔尖人才群体显著低于其他各类群体，而基础学科拔尖人才群体与经济学基地班高于传统培养模式群体；“深入了解、推理、分析某个观点”方面，特殊培养模式群体均高于传统培养模式群体。

一个有意思的发现是，在“形成新观点、新理论”“评价某个观点或理论”指标上，新文科拔尖人才群体得分高于其他特殊培养群体，远高于传统人文社科培养模式群体，这也是通过实证的方式验证，新文科拔尖人才培养模式能够实现“面对未知，引领未来,创新思想,创新价值的高端人才培养目标”。

四、结论与建议

本文基于高等教育政策变革背景下学生“学习性投入、学习意义感知、学习动机与学习行为”的概念分析框架,对“新文科”拔尖人才培养群体进行了有效测量,并获得了如下主要研究结论:

第一,新文科拔尖人才培养模式较传统人文社科培养模式,在学习性投入指标上整体领先。这充分体现了新文科拔尖人才培养质量效果,即针对性的教改措施促进了学生个体学习与大学教育环境之间的良性互动。本研究还发现,特殊培养群体内部细项指标上的分化,也在提醒我们“新文科”与“基础学科”存在学科差异以及人才培养路径的差异,需要制定更加细致的差异化拔尖人才培养方案。

第二,新文科拔尖人才培养模式较传统人文社科培养模式,在激发学习动力水平方面,具有明显优势,尤其是在塑造学生“内生性”学习动力源方面远优于传统模式。心理学家的研究表明,内在兴趣与较高的理想抱负常常带来积极的情感体验,“乐在其中”有利于拔尖人才保持专注度与持久求知欲,这对创造性工作非常重要。

第三,新文科拔尖人才培养模式较传统人文社科培养模式,在培养学生综合性思维、批判性思维、创造新思想方面,具有显著优势。特别是在面对困难时,表现出来的“迎难而上”人格品质与行为倾向值得重点关注,这也是面对未知世界、冲破固有思维束缚、探索新知的可贵素养。

基于以上的研究结论,笔者尝试进一步从中国性、国际性与专业引领面向未来的三个角度对如何提升“新文科”拔尖人才培养质量,提出自己的思考与建议。

中国性的角度而言,新文科建设应继续加大“教育经验丰富度”,增加拔尖学生群体对多元文化的认知能力,对国家、社会的认知能力,关注中国的重大问题,将培养具有中国“根”、中国“魂”的拔尖人才,作为是2.0版拔尖人才培养战略的根本原则。

国际性的角度而言,新文科建设应从中国引领国际话语权的高度,培养敢于挑战既定的结论与权威,具有独立思考能力、创新思维能力、不畏艰险品质的拔尖人才,为能够提出人类文明发展“中国方案”,贡献引领人类进步的精神力量,作出贡献。

面向未来的角度而言,“后疫情”时代,新文科建设面临重大机遇与挑战,拔尖人才培养应以继承与创新、交叉与融合、协同与共享为主要途径,促进多学科深度融合,引领新价值,创造新思想。

参考文献

[1] 习近平:《在哲学社会科学工作座谈会上的讲话》(全文), http://www.xinhuanet.com/politics/2016-05/18/c_1118891128_2.htm。

[2] 陆一、史静寰:《志趣 : 大学拔尖创新人才培养的基础》,《教育研究》2014 年第 3 期。

[3] 沈裕挺、沈文钦、刘斌:《人文学科学生的学术志趣是怎么形成的》,《教育学术月刊》2019 年第 3 期。

[4] 阎琨:《拔尖人才培养的国际论争及其启示》,《复旦教育论坛》2013 年第 4 期。

[5] 林崇德等:《创新人才与教育创新研究》,经济科学出版社 2009 年版。

[6] A. W. Astin, "Student involvement: A developmental theory for higher education," *Journal of College Student Personnel*, 1984, 25(4).

(原载《中国大学教学》2020 年第 7 期)

典型案例

甘肃省教育厅:实施新文科建设"十项行动",探索构建跨院校、专业、行业协同育人机制

甘肃省积极回应《新文科建设宣言》,围绕举旗帜、聚民心、育新人、兴文化、展形象的使命任务,注重继承性、民族性、原创性、时代性、系统性、专业性,坚定文化自信,坚持立德树人,强化价值引领,弘扬丝路精神,深化改革创新,努力构建以育人育才为中心的文科发展新格局,为建设文化强省、增强综合实力、培养时代新人凝心聚力、率先作为,实施启动甘肃省新文科建设"十项行动"。

一、新文科协同育人创新行动

遴选一批文科专业进行人才培养改革试点,探索构建跨院校、跨专业、跨行业、跨国界的协同育人机制,推动政府、高校、科研院所和行业企业组成"产教命运共同体"。探索横向打通通识教育新模式,纵向贯通本硕博人才培养新机制。围绕"一带一路"、新一轮西部大开发和国家生态安全屏障综合试验区建设等,开展文科"双学位""主辅修""微专业"等复合型人才培养模式探索与实践,不断提升文科教育时代性、科学性和创造性。

二、新文科专业内涵发展行动

瞄准国家重大战略需求和甘肃经济社会发展,优化同新发展格局相适应的文科专业结构布局,打造文科"金专",筑牢建强新文科"四梁八柱"。紧跟新一轮科技革命和产业变革新趋势,积极推动人工智能、大数据等现代信息技术与文科专业深入融合。积极发展健康服务与管理、大数据管理与应用、艺术管理、供应链管理、金融科技等新兴专业。升级改造原有文科专业,重视发展敦煌学、简牍学等甘肃特色冷门绝学专业。

三、新文科学科交叉融合行动

突出优势、拓展领域、彰显特色、完善体系，不断推进文科学科体系、学术体系、话语体系建设和创新，努力构建全方位、全领域、全要素、全链条的文科科学体系。进一步打破学科专业壁垒，融入现代技术，赋能文科教育，坚持守正创新，强化融通致新，推动“工+文”“医+文”“农+文”“理+文”“文+文”等交叉融合，实现文科教育高质量高水平持续发展。

四、新文科金课建设引领行动

持续推动教育教学内容更新，将新时代中国特色社会主义建设的最新理论成果和实践经验引入课堂、写入教材，转化为优质教学资源。强化国家事权，严格使用“马工程”重点教材，严把政治关、学术关。建设文科“金课”，夯实文科育人主战场、主渠道、主阵地。强化课程的价值引领，提升课程学术内涵，丰富课程形式载体，创新授课方法手段。建立健全新文科通识教育课程、学科基础平台课程、多学科交叉融合的专业课程以及新文科实践教育体系。全面推进课程思政，打造有情有义、有温度、有爱的文科课堂。

五、新文科理论研究与教改行动

成立甘肃省新文科建设实践与研究中心，尊重文科教育特点和人才成长规律，围绕新文科建设的重点、难点、热点问题开展系统研究，为完善发展文科教育理论体系、学科体系、教学体系贡献甘肃智慧，提供甘肃方案。支持新文科教育教学改革，突出教改对新文科建设的推动作用，形成新文科建设优秀教学成果。建强一批国家亟需、甘肃特色、引领发展的高端智库，开展前瞻性、针对性、储备性政策研究。

六、新文科名师大讲堂拓展行动

立足高校办学优势，结合学科专业特色，推动文科教育与社会实务的交流融合，协同业界启动政法实务、新闻传播实务、经管实务、文史哲、艺术美学等系列名师大讲堂，一校一品，打造新文科名家系列论坛。采用线上线下相结合的方式，推动大讲堂在高校间共享共用。立足国情省情，深入挖掘脱贫攻坚、乡村振兴、防沙治沙、抗击疫情、民族团结等方面的精神事迹，讲好新时代的"中国故事"和"甘肃故事"。

七、新文科人才培养基地夯实行动

加强省级文科基础学科拔尖人才培养基地建设，成为文科拔尖人才培养的示范地、孵化器。按照导师制、小班化、个性化、国际化的要求，注重大师引领、创新学习方式、深化国际合作，搭建多样性的学习成长平台。坚持分类推进，突出文科学生创新意识和创新能力的培养，促进符合一流学科专业建设目标的人才培养模式创新。探索实施荣誉学位项目，提升学生学习的高阶性、创新性和挑战度，增强优秀学生的荣誉感。

八、新文科实践教学深化行动

加强新文科实践教学，在应用性很强的新闻、经管、艺术、考古等专业，重点支持建设一批文科实验实训室和实验教学示范中心。注重学科重组、文理交叉，把新技术融入文科实验实训课程中，为学生提供综合性、跨学科实践，促进研究方法创新和学科交叉融合。推动与行业、企业共同建设文科实践基地，从实务部门遴选一批优秀人才到高校担任兼职教师，形成合作共赢、开放共享的实践育人机制。

九、新文科师资队伍提升行动

以师德师风建设为引领，崇尚"士以弘道"的价值追求，以教书育人水平提升为中心，加强新文科师资队伍建设。加强文科师资的教育培训，通过骨干研修、在职攻读学位、国内外高级研修访学等多种途径，实现政治素质、业务能力全面提升，建设高水平的新文科教学团队。增强文科内及文理工科师资之间相互融合，形成专兼结合、结构合理、交叉融通的新文科教师队伍体系。构建以教学投入为导向的激励体系，建立符合新文科建设需要的职务职称评聘制度，建立符合新文科学科建设和培养方向的科研评价体系。

十、新文科质量文化打造行动

紧紧围绕学生中心、产出导向、持续改进的目标指向，构建科学有效的文科教育质量评价保障体系，打造特色鲜明的甘肃文科教育质量文化。建立健全以大数据为基础的文科教育质量常态监测体系，实施文科专业认证和评估，强化高校质量保障主体意识。充分发挥甘肃省本科高校教指委在新文科建设咨询指导、评估检查、学风建设等方面的作用，持续提升新文科建设的质量与水平。

聆听时代的声音，回应时代的呼唤。新文科建设使命重大，催人奋进，甘肃省高校新文科建设天地广阔，大有可为！

（资料来源：甘肃省教育厅）

清华大学：继承创新、交叉融合、协同共享，持续加强新文科建设

清华大学持续加强学科建设，编制实施“双高”计划，扎实开展基地建设，稳步推进“清华简”专项，举办学科建设专项论坛。以继承与创新、交叉与融合、协同与共享为主要途径，推动文科建设从学科导向转向需求导向、从专业分割转向交叉融合、从适应服务转向支撑引领。

一、持续加强学科建设，学科发展态势良好

清华大学共有22个文科学科，文科教师933人，占全校教师人数的27%，文科科研经费在全国高校文科中名列前茅。在第四轮学科评估中，22个文科学科全部参评，获评A类的有13个，其中A+5个；在学校“双一流”学科建设布局中，文科设有9个学科群及1个重点学科；在“十三五”期间，获得国家社科基金重大项目40项，2016年、2018年立项数位列全国第一，2017年名列第二；共有59项成果获第八届高校科研研究优秀成果奖（人文社会科学），为历次获奖总数最多。在2020年QS世界大学学科排名中，16个文科学科上榜，8个学科进入前50名，1个学科进入前20名，文科学科实力和国际影响力不断提升。

二、编制实施“双高”计划，打造文科新格局

2017年，学校制定了《关于加快哲学社会科学繁荣发展推进文科建设“双高”计划的实施意见》，充分把握文科建设与发展的需求，优化配置学科发展的各类资源，在学科方向创新、重点基地建设、影响力提升及软科学研究等领域开展数百个项目。2018年，为进一步提升文科研究水平和影响力，充分激励文科教师开展高水平研究，制订了清华大学文科科研奖励办法。通过举办国际会议、纪念学术活动、学术沙龙等

方式扩大影响力；期刊建设取得进展，部分期刊影响力得到提升，《出土文献》《公共管理评论》等2个期刊从集刊成为拥有正式刊号的期刊，《全球传媒学刊》《经济学报》等2个集刊成为CSSCI扩展版来源集刊。

三、扎实开展基地建设，协同创新中心成绩突出

学校按照教育部基地建设“立足创新、提高质量、增强能力、服务国家”的总体要求，扎实推进基地建设。文科校级科研机构有109个。在教育部组织的测评中，学校4个重点研究基地测评结果全部合格。“十三五”期间基地重大项目共立项11项，1项基地重大项目成果结项优秀。教育部2011协同创新中心工作全面开展，在2018年参加了教育部组织的建设绩效评估工作，专家现场评价为优秀。北京市哲学社会科学研究基地的建设中，应急管理研究基地在基地评估中获得优秀。新增重点基地建设取得新突破，新增1个北京市哲学社会科学研究基地北京廉政建设研究基地、1个传统工艺与材料研究文化部重点实验室和1个高校思想政治理论课思想道德修养与法律基础国家教材建设重点研究基地。

四、稳步推进清华简专项工作，研究成果显著

目前已举办9场《清华大学藏战国竹简》成果发布会，清华简《算表》获吉尼斯世界纪录称号，李学勤教授主编的《清华大学藏战国竹简（壹—柒）》荣获第五届郭沫若中国历史学奖唯一一项一等奖。2019年中心作为教育部语信司秘书处承办“甲骨文发现和研究一百二十周年纪念座谈会”，习近平总书记致贺信。在清华简的抢救性保护、整理释读和学术研究等方面的卓有成效的工作，已经成为清华大学的一张文化名片。

五、举办学科建设专项论坛，探索实践新文科建设

学校以“新时代与新范式：新兴交叉学科的研究议程与发展路径”为主题举办全国计算社会科学高端论坛，围绕社会科学与计算科学的交叉融合、大数据与人工智能在社会科学各领域的前沿应用、计算社会科学的研究范式和学科发展等议题发表演

讲并进行研讨,旨在促进我国计算社会科学的学科建设,服务国家交叉学科和新文科建设,探索数字时代我国社会科学创新发展的未来方向。召开“新时代　新文科:全国艺术类学科建设研讨会”,围绕构建具有中国特色的艺术学教育发展道路、搭建中国特色的文科人才培养体系、打造具有世界引领性的中国艺术学科新格局等问题,展开高水平的深入研讨与交流。根据新文科需求与设计学科发展需要,举办“新文科建设语境下的设计学科建设”(艺术设计大讲堂·第二期)论坛,通过丰富且深刻的实际案例展示“新文科”时代设计教育的新形势、新拓展,为参会嘉宾开拓了新思路,为我国设计学教育改革指明了前进方向。

(资料来源:清华大学)

北京语言大学:新文科专业建设初探

近年来,北京语言大学从国家战略需求和国际学生教育的现实需要出发,以一流学科建设促进一流专业建设,在专业设置、专业革新等方面进行了一系列探索,形成了具有新文科特点的专业建设路径。

一、传统专业“复合化”

北京语言大学从服务“一带一路”建设和北京“四个中心”建设的需要出发,以培养一专多能、一精多会的高素质、复合型人才为目标,通过多种途径促进专业之间的融合,推动传统专业朝着“复合化”的方向转型。

(一)完善“语言+”培养模式

“语言”教育是北京语言大学最大的特色。在新文科背景下,学校推出了“汉语+专业”“英语+专业”“专业+外语”等多样化培养模式,强化学生语言能力的培养,使学生成为既具备扎实专业基础、又具备卓越语言能力的复合型、高层次人才。在公共外语教学方面,增加了除英语之外的多语种公共外语课。目前除英语外,已开设日语、法语、德语、西班牙、波斯语5个语种的公共外语课供学生修读,为英语水平较高的学生和有志于修读其他外语的学生提供了多语种学习机会。在复语教育方面,继开设英西复语、日英复语、英土复语、翻译(汉英法方向)、翻译(本地化方向)等多个专业方向后,还将开设英语+罗马尼亚语、英语+印度尼西亚语以及“非通用语+外语”等复语专业方向。此外,还将面向全校学生开设日语、阿拉伯语等外语类专业作为辅修专业和双学位课程。

(二)扶持国别与区域专业

国别区域学是针对特定国家或区域的政治、经济、社会、军事、人文、法律等领域的社会科学研究,天然地具有多学科、跨领域的特点。近年来,北京语言大学打破学科壁垒,汇聚外语、国际政治、管理学等领域的学术力量,不断推进国别区域研究的学科建设和专业建设。阿拉伯语专业上报的关于阿拉伯国家的咨政报告多次获得党和国家领导人的重要批示。

二、新设专业“特色化”

(一)设立有特色的新专业

北京语言大学以语言及对外汉语教育为特色,除重点支持汉语国际教育、外语等优势专业,确保其在国内同类专业中发挥引领和示范作用外,还根据学校办学优势,在全国率先设立了“语言学”专业(设在语言学系)。该专业以生物语言学为方向,具有鲜明的学科交叉特点。首批本科生全部从理科考生中录取,开设的课程除外语、语言学理论等文科课程外,还开设神经解剖与语言认知、语言与人工智能等交叉课程,以培养兼具现代语言学知识和相关自然科学知识的语言学专门人才。

(二)设置“语言+智能”跨学科专业

北京语言大学把语言类相关专业与信息科学相关专业进行整合,在中国语言文学一级学科下,自主设置了“语言智能”专业,形成了“语言+智能”的跨学科专业特色建设路径。语言智能被誉为人工智能皇冠上的明珠,语言智能专业的建设目标,就是满足语言智能的科学理论发展和社会服务对语言智能人才需求。在知识传授上兼顾计算机科学和语言科学,在技能培养上重视语言数据处理和分析能力,在思维训练上兼顾形式化、计算化思维,培养对语言现象进行抽象化、泛化的能力。这些目标都与新文科提倡的学科交叉及跨学科融合的理念相契合。

(三)设立跨学科实验班

学科专业的交叉融合是高等教育发展的大趋势,搭建拔尖人才实验班等平台,是探索跨学科、跨专业建设,促成不同专业尤其是文理专业融合较为行之有效的办法。目前,北京语言大学设立了 4 个拔尖人才培养实验班和 1 个翻译(本地化)技术实验班,5 个实验班均具备跨学科的特征。“汉语卓越教师”中国语言文学拔尖人才实验班以跨学科研究为鲜明特色建设教学体系;联合国及国际组织人才培养实验班以国别与区域研究中心为依托,国别区域学自身就具有跨学科的特点;语言智能与技术拔尖人才实验班以多学科交叉培养为原则制定课程体系和培养方案;金融学专业拔尖人才实验班旨在培养具备经济、金融专业知识，同时具备大数据、人工智能专业知识的新商科拔尖人才；翻译（本地化）技术实验班深度融合翻译专业和计算机专业课程，将翻译教育与信息技术合理嫁接，从而实现跨学科语言服务应用型人才的培养目标。

三、培养方案"立体化"

人才培养方案是专业建设的核心内容之一。传统人才培养方案的制定大多侧重知识与技能的培养，对思想、通识、实践教育的重视程度不够。新文科建设倡导交叉融合、需求导向和创新精神，从价值理念、能力、素质等方面对人才培养提出了更高要求。新文科培养的学生要求具备国际视野、家国情怀、公民意识，具有学以致用、服务社会、造福人类的使命感、责任感，成为具备"知识+能力+素质"的"多元化、复合型、创新型"人才。因此新文科背景下的人才培养方案要紧紧围绕以上人才培养目标来制定，以学生为中心，以成效为导向，强化通识教育，形成"思想教育+通识教育+专业教育+创新创业教育"的立体化培养方案。具体做法如下：

（一）调整通识教育课程结构及学时学分

为拓展学生的知识宽度，培养方案设立由六大模块组成的通识课程群，包括多语能力与文化沟通、文史经典与人文素养、国际视野与文明对话、社会研究与当代中国、科技发展与创新精神、艺术创作和审美体验，涵盖了人文、科技、艺术、政治等多个方面。同时，鼓励教师开设学科交叉性强的课程，努力使学生获得广泛的文化艺术修养与道德判断能力，为未来参与公共事务做好知识储备。

（二）增加思政、实践类课程的比重

外语人才负有讲好中国故事，传播中国文化的使命，要有中国情怀、国际视野、问题意识、实践能力。针对这些要求，培养方案增加了思政、实践类课程的学分比重（目前占总学分比例的15%~20%），同时明确规定创新创业训练项目或科研创新计划项目可以换算学分。

按照上述思路制定的立体化培养方案，更有利于学生养成认知世界、改变世界的心态，有利于培养学生的领导力和跨学科能力，因而是新文科专业建设中非常重要的内容。

四、课堂教学“智能化”

科技发展的日新月异，对于文科来说是挑战，也是机遇。智能化时代的人文学科“应积极走进科技的疆场深处，把握新文科建设的历史机遇”，运用现代科技成果为文科建设服务。北京语言大学将“互联网+”“教育技术+”等信息化手段融入课堂教学，不断推进课堂信息化革命，帮助学生提升新时代必备的信息能力与素养。

（一）提升硬件设施水平

近几年，学校相继建成了智慧教室和智慧语言实验室，集智能物联、智慧教学、课堂录播、智能门禁、电子班牌等各个系统为一体，现已全部投入教学使用，为师生营造人性化、智能化的教学空间。

（二）重视信息技术与课堂教学的融合

一方面搭建集多种功能于一体的“北京语言大学慕课”教学平台，建设精品慕课，打造线上金课；一方面以智慧教室建设为条件保障，鼓励教师使用智能平台进行授课，探索翻转课堂等新的课程模式，打造线上线下混合金课。目前，学校教务处被评为“智慧教学试点项目”，多门课程被认定为国家精品在线开放课程。“模拟联合国会议口译虚拟仿真实验教学项目”被评为北京市级虚拟仿真实验教学项目，学校为入选院校中唯一一所语言类院校。

北京语言大学积极探索，深入推进文科内部的学科融合、文科与新科技的融合、教书与育人的融合、课堂学习与社会体验的融合，努力走出一条守正创新的新文科发展路径，完成时代赋予的育人使命。

（资料来源：北京语言大学）

中国传媒大学：科艺交叉，学以致用的新文科建设

中国传媒大学在新文科建设中紧紧围绕“扎根中国大地办教育”方针，坚持使命驱动、关照中国现实，坚持学科与专业、科学与艺术交叉融合，坚持学以致用、服务国家战略，不断探索开放融合育人新模式，构建文科人才培养的实践育人新生态。

一、建设全媒体运行中心

为适应媒体融合发展需求，进行全媒体人才培养，与索贝 · 华栖云、艾迪普合作建设全媒体运行中心。2018 年 1 月，中心正式启用，总面积 700 平米，由融合媒体指挥中心及多平台发布系统、全媒体交互式新闻演播室系统、融合媒体虚拟化生产平台 3 部分组成，包含融媒体新闻采编制作、数据可视化和虚拟图文包装制播、多屏矩阵展示、云桌面资源管理、手机采访制作等 16 个子系统。实现对融合新闻、融合内容生产、互动运营发布等多种业务、多种场景实践和教学活动的全流程生产、演示和监控，并对发布运营效果进行实时响应和反馈。

二、建设 AI 虚拟主播实验室

进一步深化 AI 虚拟主播与情感计算关键技术研发与行业应用示范研究，探寻 5G 媒介生态下的基于动画影像、AI 情感计算与虚拟仿真技术的新产品、新应用与新场景，建设 AI 虚拟主播实验室。2020 年毕业季，受“新冠”疫情影响，动画与数字艺术学院利用实验室网络直播平台，举办了一场别开生面的线上毕业设计展。启用三维动画虚拟角色“小小”作为虚拟主持人，与主持人现场互动交流，通过运动捕捉技术完成对真人演员动作的实时复刻，将艺术与科学完美结合。

三、搭建新文科建设研究平台

成立通识教育中心，下设机构阳明书院、修辞学堂，成为实现“弘道崇德、经世致用”人才培养目标的重要平台；整合专业团队优势，倡导主题聚焦下的多样化授课，推动经典阅读、创意写作和书院学习深入开展。举办“面向未来的新文科建设线上高端论坛”，来自北京、上海、湖北、浙江、辽宁等地近10所高校的专家学者，围绕新文科建设的重大理论和实践问题进行了深入探讨。

四、推出“光明影院”项目

电视学院联合北京歌华有线、东方嘉影，为视障人群讲解优秀影片，并通过全国覆盖的公益推广，让视障人群共享电影文化成果，传播新时代的新思想、新气象，为国家公益事业与文化建设贡献力量。自2017年底项目创立以来，已制作完成208部无障碍电影作品，数百名师生志愿者参与制作，在全国举行170余次放映，两万余人次参与观影。

五、制作中国新闻传播大讲堂

为切实推动抗疫精神进校园，激励新闻学子坚定理想信念，邀请40余位记者围绕共同的“抗疫”主题，录制40堂视频课程，构建了一门案例鲜活、剖析细致、讲述深入、手段融合的大课程“来自武汉抗疫一线的报道”。

六、创建“数字文化中国”项目

整合文化资源，挖掘文化记忆，传承文化根脉，创新数字化、移动化、影像化的文化呈现形式，用数字技术为文化传播赋能，营造了一个全程、全息、全效的数字文化空间。共研发4款数字文化产品，包括融视频微导览、文化短视频、掌上图书馆、传播文创产品设计等，具备创新文化传播、拓展视频形态、数字文化赋能、助力乡村振兴、深耕区域文化、推动文旅融合等特征。

（资料来源：中国传媒大学）

南开大学:“新文科”探索与实践

南开大学着眼时代变革,赋予哲学社会科学发展新机遇与新内涵,集中优势力量、募集优势资源,坚持以“四个四”改革思路,着力打造具有南开特色的新文科建设模式,积极培育新时代人文社会科学领军人才。

一、“新文科”助力“文科振兴”

2019 年 5 月 8 日,南开大学召开了全校范围的首次新文科建设工作研讨会。2019 年 5 月 21 日,南开大学发布《南开大学一流本科教育质量提升行动计划(2019~2021 年)》(以下简称“南开 40 条”),正式将“推动‘新文科’专业建设”写进了人才培养的教育教学方案中。

“南开 40 条”提出:推动人文社会科学学科与理工科交叉融合,加强文科内部人文与社科的有机融合,将新技术融入文科人才培养体系;通过总结现有文科复合型人才培养模式的特色,促进文科专业优势互补,推进相关学科交融互渗、协同共享;围绕新时代中国话语构建与中华文化传播、国家软实力提升、“一带一路”建设等重要方向,推动新文科项目建设;培育具有引领能力的新时代社会科学家,建设新文科高地,更好地服务国家战略。

近两年来,在“南开 40 条”的指引下,学校新文科建设探索实践成效显著。经管法班、信息安全与法学双学位班、非通用语专业+人文社科专业、政治经济哲学(Philosophy,Politics and Economics,以下简称 PPE)等特色班建设实践有力推进学科交融互渗、协同共享;数字贸易、数字文旅、网络与新媒体等多学科融合,新文科专业建设有序推进;数十门以服务学习系列课程为代表的项目制学科融合“金课”,在校内外发挥着显著示范效应;每年百期的“四个一”创新论坛有力激发教师参与教研教改的热情,新文科专业建设研讨会等全国性会议的召开促进了新文科建设的经验分享与共识凝聚;借助“校—院—班”三级学业指导体系、助教体系及智慧书院等载体,以数字化教育革命拓展课堂内外、校园内外、线上线下的无边界教学空间,催生新的教学生态,形成师生共同体,保障新文科建设行稳致远。

二、“新理念”引领培育时代新人

自20世纪80年代以来,南开大学作为一所在人文社会科学领域具有悠久历史和厚重积淀的高等学府,就已开始尝试交叉学科人才培养模式改革:文学实验教学中心自1986年成立之初就开始探索“人文+科技”多学科交叉的实验教学模式和实验教学体系,于2012年获批后成为全国唯一的文学国家级实验教学示范中心;在复合型创新人才培养方面,学校2001年创立经管法班、2006年创立信息安全与法学双学位班、2017年和2018年又分别设立非通用语专业+人文社科专业、PPE等特色班,逐步形成了多种文科复合型人才培养模式聚合发展的态势。

南开大学从落实立德树人根本任务出发,认真研判各哲学社会科学学科内涵与外延的发展变化,统筹考虑“新的文科专业,文科的新要求”,以新的培养目标、课程体系、融合课程、教学方法“四新理念”为引领,积极探索新文科建设。

以立德树人为出发点,“新文科”建设正在引领学校开启新时代文科人才培养的新模式。

新的培养目标,即培育具有爱国主义情怀的中国文化自信、有思辨能力和创新意识的科学精神、有关注全球化重大问题的国际化视野、有使用新媒体技术传播中国文化的数字技能、践行育能致公、知行合一的新时代人文社会科学领军人才,构筑新时代一流哲学社会科学人才培养的新高地。

新的课程体系,即着眼于专业发展与学生成长,以强化“公能”素质和创新能力为主线,构建多学科渗透融通、与大类培养相适应的模块化的“通识+专业”课程体系。

新的融合课程,即通过文文互建、文理交叉、文工融合、技术融入等形式实现课程从“单学科知识传递”到“多学科知识构建”,推进具有实质性跨学科内容的专业课程、通识课程、实践课程建设。

新的教学方法,即借力学业指导体系、助教体系、智慧书院等载体,以数字化教育革命拓展课堂内外、校园内外、线上线下的无边界教学空间,催生课堂教学、校园文化和社会实践三位一体的教学新生态,促进有效教学和课程育人,构建师生共同体。不仅使教师的角色实现由“经师”到“人师”的转变,同时也使学生“亲其师而信其道”,实现知识、能力、素质的全面发展。

三、“四抓”举措显现建设成效

结合“四新”理念，学校针对“新文科”建设中的重点难点，创新提出“四抓”举措，有效破除传统文科人才培养模式固化和现有课程简单“拼盘”的痼疾，建设成效已初见端倪。

一抓跨学科团队建设。以基层教学组织形式组建跨学科、跨学院的课程教学团队，研讨确定新文科项目的培养方案，以复合型专业背景师资团队建设适配复合型创新人才培养需求，从教研理论与教学实践角度全方位开展融合课程教学、研究与推广工作，促进融合课程建设提质增效，确保标志性教学成果得到培育凝练、辐射推广。

二抓融合课程建设。推动以项目为中心的融合课程建设，通过形式多样的跨学科系列“课程串”的设计与实施，开展不同学科教师围绕同一项目主题进行多学科视角协作式教学。通过加强师师、师生、助教、生生之间交流合作，整合各方面资源，形成基于同一项目主题的“课堂知识传授+课外项目实践”相结合的师生学习共同体，有效提升多学科知识融合效果。目前学校已开设的15门服务学习系列课程是项目制课程建设的突出代表，实现了多学科知识传授与课外项目实践的有机统一。每年寒暑假，有成千上万的南开师生组成学习小组，深入开展“同学同研同行同讲”，实现了从课堂学习到社会实践的延伸，形成了师生学习共同体，也造就了具有南开特色的“师生四同”育人模式。

三抓“新文科”立项建设。根据学校人文社会学科专业的不同特点和建设需求差异，以“四新”理念打破学科壁垒，引领传统文科专业转型提升、已有文科复合型人才培养模式升级改造，以及全新文科专业的规划构建。2019年和2020年以来，学校共立项新文科专业建设教改项目15项。学校将以教改项目为抓手积极推动构建科技人文、数字史学、数字经贸、智慧旅游等“新文科”专业。以2019年“南开大学服务学习课程群建设”的通识课教改立项为例，该项目由旅游与服务学院联合公共英语教学部、公共计算机基础教学部、医学院、物理科学学院共建完成。筹建于2013年的城市管理专业，经过多年探索，实现了人才培养与社会需求的紧密契合，课程体系文理工的交叉融合，实验、实践课程教学方式上的创新，同时通过与格拉斯哥大学联合办学实现了人才培养的国际化，已初步形成城市管理方向本硕博贯通培养的完整体系，其专业影响力已稳居全国前三。

四抓“新文科”制度保障。学校成立新文科建设领导小组，统筹推进新文科建设顶层设计与改革工作，加强各部门间组织协同；成立由人文社会科学教学专家组成的新文科校级教研团队，通过开展评优评先、教改立项等活动积极引导各学院开展“新文科”建设；推动与“新文科”建设需求相契合的跨院选课、教学奖励、绩效考核等方面的综合改革，固牢新文科建设制度保障。全面建设“新文科”的大幕正在徐徐拉开，秉承“文以治国”的百年办学理念，南开大学的探索还在继续……

（资料来源：南开大学新闻网）

华东师范大学:大力推进新文科视域下汉语言文学专业的改革与实践

华东师范大学汉语言文学专业以立德树人为根本使命,立足“交叉融合”和“新技术”,以“卓越教师 2.0”“拔尖创新人才 2.0”和“强基计划”培养为抓手,积极践行新文科建设。

一、重构汉语言文学专业课程体系,创新育人理念和举措

专业在巩固、强化“文科基地班”探索总结出来的“前期导师制度”“专业导师制度”“国学专书系列导读课”“学年论文”“小班化教学”等优良做法基础之上,以“拔尖创新人才培养计划 2.0”实施为抓手,以“大师引领”为核心,通过强化使命驱动、创新学习方式、科学选才鉴才、提升学生综合素养、促进学科交叉和科教融合、深化国际合作等手段,共育“人才之树”。

借助文史哲大类培养平台,强化文史哲课程交叉融合。构建“原典阅读+读写训练+课程思政+导修制+过程性评价”的五位一体原典阅读设计。设计既尊重了原典阅读的重要性,强化了课程思政的元素,也强调了教学方法的革新,注重了质量评价的建设。

全新打造“经典细读”“学术前沿”“专业提升”“专业实践”四大板块系列课程,培养学生批判性思考能力,激发学生学术兴趣,促进学生自我学习、自我探究。

支持学生在全校范围内跨学科、跨年级选修课程,鼓励学生选修合适的研究生课程,实现“本硕博贯通”。

二、探索学科专业交叉融合,强化技术方法的重要性

汉语言文学(古文字学)强基计划以“古文字学”相关课程为核心,同时涉及“古

代史”“古典文献”“经典阅读”“语言学”“汉语史”等相关课程内容，凸显强基计划“厚基础、宽口径”的特点。注重把学科优势与学术前沿成果转化为教学内容，注重课程作业、学年论文和毕业论文的有效衔接，培养学生的研究和创新意识。同时，特别强调熟练掌握应用信息技术来优化古文字学学习的方法与技能，积极借助各种现代信息传媒手段，提升学生的专业能力。

三、聚焦立德树人，全面深入推进课程思政建设

新文科建设极为重要的一项内容就是全面扎实的课程思政建设。学校以国家一流专业点建设、一流课程建设和上海市课程思政领航学院建设为契机，在前几年已有建设基础之上，已编制完成“汉语言文学专业课程思政教学指南”，打造数门课程思政示范课程，引领课程思政建设。

四、加强实践教学，切实提升学生实践创新能力

以实验教学、大学生创新创业训练、专业实习等平台为载体，通过科研训练实践类课程、专业实践与实习、语言实验室实践教学、大学生创新创业训练项目，完善实验实践课程体系。推出“走进商周古文字”虚拟仿真项目，正式开设“语言与人工智能”“语言康复与语言发展”等校企合作课程。强化文学采风、图书馆访书、方言调查等专业学术实践，重视创新创业训练，支持学生积极参与国内外学术会议、学术夏令营等。

五、创新教学模式，助力学生成长

以学生为中心，推进混合式教学，打造系列“金课”。采用教师引导、助教主持与学生主导讨论的方式，将教师课堂讲授与学生的读写训练结合，将文献阅读与专题讨论结合，调动师生的双重主体性和积极性。每学期开设20余个读书会，学生在导师带领下，精读原典，提交读书笔记，举办报告会。将本科一二年级的导师活动升级为“经典导读与写作训练”课程；增加课程中的读写训练环节；以写作专题讲座、工作坊等形式开展课外写作培训；积极利用创意写作研究院和驻校作家等资源，提升学生在文化创意领域的创新能力。

六、加强国际交流,打造具有国际化视野与中国胸怀的人才

把外语学习和专业学习相结合,使学生具备阅读英文文献、撰写英文论文及用英语流畅表达个人见解的能力。利用聘任的多位外籍专任教师、青年学者大多具有海外留学背景的优势,开设德语、日语、古典希腊语等外语"准课程",让每位学生初步掌握至少一门第二外语。为学生搭建丰富的国际交流平台,鼓励学生积极参与境外交流。此外,通过邀请国际一流学者开设讲座、开展一个月以上的学术工作坊等,让学生有机会与学科前沿国际学者交流和对话,培养坚定中国立场的传承者、中国话语的讲述者和中国文化的传播者。

(资料来源:华东师范大学)

南京大学:传承发展、守正创新,深入推进新文科建设改革

南京大学结合“熔炉工程”与“三元四维”人才培养新体系建设,落实立德树人根本任务,坚持传承、发展、守正、创新,扎根中国大地培养新文科拔尖领军人才。面向新时代国家和社会发展的新需要,从研究性、人文性、交叉性、实践性等方面全方位一体化推进新文科改革创新。

一、深化文科专业的内涵建设

(一)推进以研究型教学为核心的文科专业升级

一是大力加强新文科学科建设和人才培养的融通,以国家重要科研基地和重大科研项目为依托,结合国际和国内人文学科的发展,特别是结合中国特色社会主义建设的具体实践和哲学社会科学中国学派的形成来培养新文科人才;二是结合“拔尖计划 2.0”“强基计划”“国家一流专业”等,培育校级新文科专业综合改革教改项目,鼓励哲学、经济学等文科专业积极探索拔尖创新人才培养新模式,推动文科专业发展实现全面提质升级。

(二)实施文科青年教学名师培育计划

首批 11 位文科青年教师入选培育计划,并为入选的培养对象选派师德高尚、业务精湛的导师,注重提升青年教师业务能力、强化师德师风。通过改革教师评价机制,建设结构多元、德厚学高的教师队伍。

二、构建基于新文科思维的优质课程群

(一)建设以新文科思维为导向的三层次文科"金课"群

一是建设通专融合的优质学科平台课。开设系列跨学科、跨文化的文科大类平台课,融会不同的知识领域,将通识教育理念融入专业教育,帮助学生拓展多元知识和技能,以适应不断变化的环境、应对瞬息万变的挑战。二是建设科教融合的优质文科专业核心课。对专业核心课程教学方案进行整体改进提升,将"内涵充实提升+助教开展小班研讨+校内外名家参与+课外助教辅导+课程参与度评定"作为课程教学的全过程,推动课程教学方式的变革和学生学习范式的转变。三是建设小班化的优质研讨课。已建成119门高年级研讨课和196门经典研读课,由具有深厚学术造诣和活跃学术思想的中青年教师带领学生接触学术前沿,培养学生的问题意识和创新素质,引导学生自主发现问题、分析问题和解决问题。

(二)打造中国特色社会主义政治经济学课程集群

充分发挥南京大学理论经济学的学科优势,坚持马克思主义政治经济学的基本理论观点和方法,立足中国特色社会主义经济建设的实践,实现马克思主义政治经济学中国化,打造具有导向性和标杆性的中国特色社会主义政治经济学课程集群,包括"马克思主义政治经济学"课程模块、"社会主义政治经济学"课程模块和"中国经济运行和发展"课程模块。三大模块之间相互支撑、层层递进,从理论到实践、从研究到应用,对学生的知识学习、能力发展、价值观塑造进行系统、全面、深刻的滋养。

三、探索多层次的新文科复合型创新人才培养模式

(一)开设计算机与金融工程交叉实验班

基于综合性大学优势,从学校层面打通资源和政策壁垒,探索文理工交叉融合,建立多学科、多领域、大跨度、深层次的交叉渗透和跨界融合平台。开设计算机与金融工程交叉实验班,加强与金融行业人才需求的对接,通过宽口径知识基础、前沿课程体系、深度交叉融合课程,累计遴选培养160余位高层次计算机人才,培养具有扎

实计算机理论与系统基础、金融理论与系统基础的复合型、国际化计算机与金融交叉复合人才。

（二）开设“艺术与文化创意”文科试验班

探索艺、工融合，开设“艺术与文化创意”文科试验班。通过传授文化创意的相关理论知识，结合丰富的教学实践活动，帮助学生在本专业学习的基础上提升艺术素养、拓展文化视野、提高创新思维、勇于创业实践。两年培养期内，采取“课堂授课+专业实践+国际交流”培养模式，实现包括学科平台、专业核心课程、专业实践与结业论文以及一次以“艺术与文化创意”为主题的跨境研修活动共同作用育人。

（三）设立“本科生驻人文社科高研院”研修项目

依托人文社会科学高级研究院等文科科研交流平台，实施“本科生驻人文社科高研院”研修项目，推行“导师+青年研修小组”模式，根据每位学生的学科兴趣和特点，实现“每人一套培养方案”。倡导以学生为主体的跨学科学术体验，让兴趣相投、背景多元的青年学子组成学习小组，由导师带领开展人文社科方面的跨学科研究。

四、推进校、企、地三方深度合作，实现综合育人

（一）加快文科校外实践教学示范基地建设

围绕“服务江苏，面向全国”战略，充分发挥江苏省法治建设、经济和信息化建设相关机构和研究院的优势，建设江苏省经济和信息化研究院教学实践基地和最高院第三巡回法庭卓越法治人才实践教学基地。通过加强实践教学内涵、条件、队伍、制度四个方面的建设，构建和完善具有特色的文科实践教学体系。

（二）注重文科创新实践平台和实验室建设

围绕文化产业创新、国家文化软实力提升和中国文化“走出去”战略，校企协同共建“文化创意产业平台”，建设 5 个文科创新产学研实践中心，为社会和行业培植、输送文创产业精英，培育孵化文创成果。建设“南京大学人文社会科学大数据研究院”，大力支持政府治理实验中心、法学实验教学示范中心、数字人文与超媒体 GIS 实验室、艺术策展虚拟仿真实验室等文科实验室建设，推动智能化、数字化等科学技术融入文科教育。

（三）推动文科国际科考与科研训练项目建设

鼓励文科学生“走出去”，拓展国际交流、国际科考、国际组织实习等国际化实践实习项目，开展“沿着马克思的足迹继续前进”“国际组织参访与全球治理能力实训”“城市与遗产：保护艺术与建筑作为文化身份的核心价值”等本科生国际科考项目，拓展学生的视野和格局，以更加直观的方式让学生获得切实感受，为理解中国特色社会主义的理论与实践提供直接的经验材料。

（资料来源：南京大学）

山东大学:四位一体,提质创新,探索新文科建设的长效路径

山东大学推进新文科建设,面向社会主义办学方向,基于高质量发展要求,以“五个坚持”为原则总结建设经验、提出创新命题,构建“新理论、新专业、新模式、新课程”四位一体的建设模式,全面推进从理念到行动的转变、从开拓到深化的发展,探索行之有效的山大特色新文科建设路径。

一、加强顶层设计,汇融新文科建设时代新理念

(一)以顶层设计驱动实质建设

在全国新文科建设工作组中主动担当,先后参与组织新文科建设研讨会、新文科建设高峰论坛等。举办新文科建设从理念到行动高峰论坛,为新文科建设的大背景、大规划贡献山大力量;召开全国新文科建设会议,发布《新文科建设宣言》,标志新文科建设全面启动;发布国内首个《新文科建设工作方案(2019~2021)》明确指导思想、基本原则和建设路径,作出顶层设计。

(二)以新理念诠释新文科内涵

基于新文科建设需要,作出新理念解读与引导。理论研究成果在《中国大学教学》《中华读书报》等刊登,加强深化新文科建设内涵,确立时代高度与实效理念。《新文科:时代需求与建设重点》一文解读关于文科的属性、时代需求与建设重点,为推进山东大学新文科建设乃至全国新文科建设都提供了新的理念、赋予新的内涵。

二、注重协同升级，打造高质量发展优势新专业

（一）推动学科交叉融合

山东大学把握综合性大学优势，开展学科、专业交叉融合，探索人文学科内部融合、人文与社科、文理、文工、文医融合的新专业。以“金融数学与金融工程基地班”“尼山学堂”“PPE 新文科校级基地班”等为抓手，实现“数学+金融”“文学+历史+哲学”“经济+哲学+政治”的学科交叉融合与协同升级；创新探索“微专业”项目，在本专业目录以外，围绕特定学术领域、研究方向或核心素养，提炼开设一组核心课程。每个微专业规定 10 门左右课程，20 左右学分。目前推出的全国首个“古典文学微专业”，包含 10 门“国学经典系列慕课”，学科交叉作用辐射全国，2020 年推出 17 门微专业，作为轻量型、创新型学科融合培养备受社会关注。

（二）推动专业转型升级

面向时代要求，推动专业转型升级，积极推进符合全媒体时代国际新闻人才培养、高层次应用性复合型产权人才培养等要求的专业升级，在优势基础上打造新文科核心力。依托新文科研究与实践项目申报，为新专业提供动力；成立全国新文科教育研究中心，打造开放共享的合作交流平台和高端智库，推动新文科建设与专业升级。以“国家一流建设专业”为方向，以“拔尖人才培养 2.0”“强基计划”为抓手，推动专业协同升级。共有 10 个文科专业首批入选国家一流专业建设点，9 个专业入选省级一流专业建设点；中国语言文学专业入选拔尖人才培养 2.0 基地；中国语言文学、历史学、哲学 3 个专业入选强基计划。

三、引领育人创新，探索复合型人才培养新模式

（一）培养复合型新人才

注重创新育人模式的“一纵一横”，纵向上实现贯通式的本硕博衔接培养，依托“强基计划”等开展一体化育人发展。基地班实行导师制、论文报告会等制度，有效探索本硕博贯通成长；横向上加强复合育人。以基地班、实验班、双学士学位项目、辅修学士学位与微专业为依托，探索复合型人才培养项目。

（二）服务多元成长需要

构建由“专业（majors）—辅修（minor）—微专业（micro）”构成的3M复合型人才培养体系，打造主修、辅修、微专业一体化培养，满足学生多元化、个性化成长需要。增设PPE校级基地和国际政治+国际经济与贸易、护理学与工商管理、公共管理与信息双学位项目。面向实践需要，依托中华传统文化研究与体验基地，整合儒学高等研究院、尼山学堂、文学生活馆、博物馆、校史馆资源推出实践课程。

四、深化改革实践，打造全方位一体实效新课程

（一）强化思想课程设计与打造文科系列金课

打造一批新文科金课。扎实推进课程思政建设，牢牢把握文科教育的价值引领性，落实立德树人根本任务。以新文科理念新增和提升一批通识课程，充分体现融合化时代性特征，彰显文科独特育人功能。抓好新文科教材建设，推进“马克思主义理论研究和建设工程”教材建设使用，支持中国特色教材编辑出版，推动习近平新时代中国特色社会主义理论和中国理论中国实践进教材、进课堂、进头脑。课程建设方面，创新建设“中华民族精神概论”“中国审美文化史”“外语话中华”等新文科特色课程。10门国学经典系列慕课已经上线；“中华原典”“艺术汇”和“领读经典”等三个系列慕课已制作完成；改造“三层次、七模块”通识课程体系，打造山东大学通识教育体系2.0工程，基于中华文化体验馆、博物馆、文学生活馆、校史馆等建设系列体验式课程，全面升级通识教育。

（二）推动一流课程建设并对接国际化新需要

抢抓国家一流本科课程“双万计划”机遇，推动学校文科教育教学理念、内容、手段、方法、考核等变革，建设新文科一流课程。发挥学科优势，抓好新文科教材建设；修订专业培养方案，提高实践学分占比，创新文科实验实践教学形式，提高文科实验实践教学要求；创新文科实验室和实验平台建设，加强文科实践基地拓展和内涵建设。有17门文科课程入选国家一流课程建设计划。推进国际合作育人，加快国际化人才培养模式改革，主动对接“一带一路”建设国家战略和山东大学国际化战略，推进与国外高水平大学开展联合培养，提升全校文科专业的国际化水平。

（资料来源：山东大学）

四川大学:新文科建设探索与实践

近年来,四川大学按照“文优”的战略规划,以提高人才培养质量为根本,全面落实“以本为本”,推进“四个回归”,切实推动具有川大风格、川大特色的新文科建设,为国家西部大开发、长江经济带和成渝双城经济圈建设提供智力支持,为建设具有中国气派的新文科、提升国家文化软实力、增强中华民族文化自信贡献川大力量。

一、高举质量文化旗帜,持续提升专业水平

(一)“瘦身强体”,深化专业供给侧改革与内涵建设

按照“提升品质、注重交叉、彰显特色”的原则,文科招生专业从 57 个优化整合到 47 个。布局建设了“马克思主义理论”“网络与新媒体”“中国画”“书法学”等新兴专业和“国际政治”“波兰语”等战略急需专业。做精做强优势特色专业,在综合改革、师资建设、教学条件、质量保障等方面起到示范领跑作用,33 个专业入选国家级一流专业建设点,位居全国高校第三。

(二)发挥优势,强化跨学科交叉融合

聚合川大文科优势,成立四川大学中华文化研究院,深入研究、阐释、推广巴蜀文化和天府文化,推动中华文化的创新创造;打造“跨学科—贯通式”人才培养平台,开设“数学—经济学”创新班、“计算金融”交叉试验班、“波兰语+经济/国际关系”等交叉专业,设立“世界史+外国语”实验班,组建数学经济学、法医学与法学等 4 个人才培养双学位项目,培养跨学科交叉复合型人才。建立文科综合实验教学中心,改变传统文科“一张纸,一支笔,一杯茶”的培养方式,以学科群建设为基础,强化学生能力培养。

(三)夯实基础,着力培养文科拔尖人才

在前期探索的基础上拓围、增量、提质、创新,四川大学实施了基础学科拔尖学生培养计划 2.0,将基础学科拔尖学生培养试验计划扩展至中国语言文学、历史学、哲

学、经济学等文科学科，其中明远学园——中国语言文学拔尖学生培养基地（锦江书院）入选教育部首批基础学科拔尖学生培养计划2.0基地名单。坚持“一制三化”，并以“一个保障、两个驱动、三个平台、五个特色”为着力点，让学术大师更投入、优质资源更丰厚、体制机制更健全、学生选拔及培养模式更完善。全力培养服务国家重大战略、勇攀世界科学高峰、引领人类文明进步的卓越社会科学家。

二、实施卓越计划、加强行业合作，培养应用型文科人才

（一）卓越引领，实施法律和新闻人才教育培养计划

2012年入选国家首批卓越法治人才教育培养基地。卓越法治人才教育培养计划2.0坚持立德树人、德法兼修，践行明法笃行、知行合一，增设了12门全英文专业课程，深入推进中国特色社会主义法治理论进教材、进课堂、进头脑，突出法律职业伦理培养，形成了全员、全过程、全课程，培育卓越法治人才新格局。

2013年入选四川省卓越新闻传播人才教育培养计划。在推进卓越新闻传播人才教育培养计划2.0进程中，学校修订完善人才培养方案，健全课程体系，强化马克思主义新闻观教育；更新教学内容，推动课程教学的“全媒体化”改革；持续开展范长江主题教育，传承“长江精神”，培养未来新闻舆论工作的行家里手。

（二）多方合作，培养应用型文科人才

学校与四川省委宣传部签署协议，共建新闻学院；与四川省委政法委共建四川大学法学院；与四川省法院和检察院系统合作，实现与成都市、德阳市、眉山市等地市的10多个法院检察院合作，获批“国家级大学生校外实践教育基地建设项目”；积极推进新闻学与新闻媒体合作、法学与实务部门合作，共同培养优秀人才；选聘行业专家到校开课，打造国家级精品课程。此外，学校还与海内外知名企事业单位、政府机关共建67个稳定的文科类实习基地，提高学生的动手能力，增强行业体验感。

三、瞄准世界一流，打造有影响力的川大一流课程品牌

（一）卓越学术引领教师教学

依托四川大学国家级教师教学发展中心，全面推动教师教学能力提升。在全国

率先实施青年教师上讲台“双证”(教师资格证+教学能力培训合格证)资格认定制度。成立了“教学创客中心”,持续开展各类特色品牌活动,增强教学的学术性。近十年来,学校全面开展基于智慧教学环境的“探究式—小班化”课堂教学改革,以混合式教学、翻转课堂等推进启发式讲授、互动式交流、探究式讨论。通过“全过程学业评价”和“非标准化答案考试”,让学生真正“把头抬起来、坐到前排来、提出问题来、课后忙起来”,以“课堂革命”推动“质量革命”。CCTV-1 新闻联播以“四川大学:‘小课堂’撬动‘大改革’”为题对川大课堂教学改革进行了报道。

(二)课程思政与思政课程协同育人

学校面向 2018 级学生开设了“习近平新时代中国特色社会主义思想概论”课程,实现自 2018 级起学生修读全覆盖。面向全体学生,开设“中华文化”(哲学篇/文学篇/历史篇/艺术篇)必修课,传承中华文化,提升文化修养和精神气质。疫情期间,化危为机,把疫情当作鲜活的教材,将抗疫作为思政教育大课。老师们在课堂教学中坚持教书与育人并重,在专业教育中融入生命教育、道德教育、责任教育,激发学生的使命担当与家国情怀。教师在实践课程思政的过程中注重言传身教、传承人文、立己立人。通过学院、领导干部、督导专家和学生推荐,广泛收集教师课程思政、铸魂育人的生动案例,研究制定课程思政评价标准,组织专家认定 479 门课程思政榜样课程和 28 门思政标杆课程,形成了“课程门门有思政、教师人人讲育人”良好局面。

(三)一流课程彰显川大特色

2020 年,四川大学 42 门课程被认定为国家级一流本科课程,入选总数位列全国高校第四,其中线下一流课程 25 门居全国高校榜首。中国大学慕课(MOOC)等平台已上线文科类课程 71 门(全校共 152 门),其中国家级精品在线开放课程 9 门,“走进杜甫”“中国现代文学”“巴蜀文化”获中国教育电视台和高等教育出版社联合策划推出的“最美慕课”。5 门全英文课程上线爱课程国际平台,向世界免费提供高水平课程和教学服务。聚焦和强化“厚通识、宽视野、多交叉”,建设了五大类通识模块课程 781 门,全力打造有川大特色、有中国温度、有社会影响力的通识教育核心课程。

(资料来源:四川大学)

江西财经大学:“四新”驱动财经类人才培养

江西财经大学始终坚持立德树人根本任务,积极践行《新文科建设宣言》,探索财经人才培养新模式,打造财经专业建设新格局,构建财经课程体系新矩阵,升级财经教育教学新资源,推动财经类人才培养质量不断提升。

一、强化新文科建设顶层设计

加强思想建设与指导,制定工作原则、目标,通过印发《江西财经大学一流本科教育行动计划(2018～2025)》《江西财经大学一流本科专业建设方案》《江西财经大学一流本科课程建设方案》《江西财经大学一流本科重点项目考核方案》等一系列文件,强化顶层设计,支持学校新文科建设。

二、探索财经人才培养新模式

坚持以学生为中心,基于 OBE 理念(Outcomes-based Education,基于学习产出的教育理念)优化人才培养方案,构建五育并举人才培养模式。完善管理学、经济学、法学等学科大类培养体系,实施学生跨学科选择专业的大类分流机制。所有专业开设辅修专业,打通主辅修专业培养,优化第二学士学位招生,丰富个性化培养。开设 12 个国际实验班、10 个特色方向班、2 个拔尖实验班,探索特色化人才培养路径。成立虚拟现实(Virtual Reality,VR)现代产业学院,与江西本地重点产业深度融合,推动产业链、创新链、教育链有机衔接。2019 年获第十六届“挑战杯”全国大学生课外学术科技作品竞赛特等奖。

三、打造财经专业建设新格局

新增金融科技、数字经济等新兴财经专业，建设智能会计、智能商务、智慧财税等8个跨学科财经交叉专业。以此为基础，大力推动传统经管类专业的升级改造，深化与大数据、人工智能、虚拟现实等新信息技术的融合。目前，学校已获批17个国家一流本科专业建设点。

四、构建财经课程体系新矩阵

重塑“公共课、通识教育、专业教育、素质拓展、实践教学和发展指导”六个模块构成的“3+7+X”专业主干课程体系，推动专业核心课、通识核心课、新生研讨课、学科前沿课、竞赛指导课、本科荣誉课等多类型优质课程共同建设提高。按照“两性一度”标准，着力建设线上、线下等五类一流课程，目前，学校已获批16门国家级一流本科课程。

五、升级财经教育教学新资源

建设国家级虚拟仿真实验教学中心，上线江西高校虚拟仿真实验教学共享服务平台，打造江西虚拟仿真实验共享教学共同体。立项34个教育部产学合作协同育人项目，推进信息技术交叉应用和社会化深度融合的新文科平台建设。通过建成近百门在线开放课程，打造40余个虚拟仿真实验教学项目，出版一批慕课云教材，升级网络教学系统，新建57间智慧教室，改造400余座教学楼休闲学习空间，全面营造泛在学习空间，激发课堂革命，推动“互联网+”时代教育教学能力提升。

（资料来源：江西财经大学）

东莞理工学院：面向时代发展，积极探索新文科建设

东莞理工学院地处粤港澳大湾区重要发展区位，在高水平理工科大学建设过程中，积极响应教育部号召，主动适应新时代哲学社会科学发展的新要求，紧紧把握区域创新发展战略，围绕服务地方提升文化软实力，强化品牌意识，深化教育教学改革，推动产教融合，积极推进新文科建设。

一、注重专业发展，强化特色品牌意识

学校各文科学院不断强化专业发展的特色与品牌意识，积极推进“一专业一标志性品牌计划”活动组织与实施。文学与传媒学院创办的“粤光杯学生影视作品大赛”，采用新兴文化产业的项目管理模式，广泛学习和吸收文化产业各领域的成就和经验，帮助学生开阔视野、提高管理能力和创业意识；文学与传媒学院策划的“艺海拾贝舞台剧”话剧综合性表演活动、“跨境电商创意实践平台”“人文雅集”系列活动，有助于学生提升实践能力、创新能力；经济与管理学院定期举办的工商模拟市场频获媒体“点赞”宣传；教育学院打造“知行”合唱团、现代乐团、交响管乐团等，以多样化的社会服务提升专业建设水平；法律与社会工作学院通过公共管理案例大赛、模拟法庭、社协杯公益项目大赛、专业辩论会等“以赛促学”活动，推动学科专业的特色化与品牌化发展。在专业建设纵深发展的过程中，学校各学院以具有专业特色、融合新文科要求、体现时代需要的品牌活动，助推科学育人。

二、创新培养模式，开展卓越人才培养

大力发展创新服务学科专业集群，以“创新服务”为中心，整合资源，协同社会学、文学、经济学、管理学等适应支撑和引领区域产业创新发展的新文科建设生态，建设能协同文化治理、环境治理、社会治理、法制治理、产业管理学科的社会治理学院；打

造工法结合、商法结合的交叉学科培养模式,探索“法律+理工”应用型人才的创新教育方式;在金融、国际会计、工商管理、文化传媒、知识产权等专业领域开展了如卓越会计、卓越法学、产学实验、人文科学实验等一系列卓越型人才培养班,进一步满足了区域经济、社会和文化发展的需求。坚持学科科研反哺教学,推动科教融合,整合东莞理工学院质量与教学科研平台,加强科研成果在课堂教学与实践教学中的应用,不断丰富教学手段,保证教学质量,提升教学水平,进一步支撑学校高层次文科创新型人才培养。

三、加强产教融合,推动校企协同培养

积极推动产教深度融合,构建高校、企业、社会共建共育的应用型人才培养模式和新型高等教育人才培养生态链。与企业共同制定人才培养方案,共同实施人才培养计划。构建“理论教学(基础)+校内技能实训(校内实践)+项目制实习(校外实践)+创新创业能力培养(创新)”人才培养计划。通过对标《普通高等学校本科专业类教学质量国家标准》(国标),在人才培养方案制定中,完善专业类知识体系和核心课程体系,通过方向类课程设置,为学生提供多样化的柔性课程选择。各文科学院通过扎实的协同育人教学实践体系,打通了人才培养的“最后一公里”,实现人才培养与社会需求的无缝对接。

四、深化课堂改革,引导成才立体化

推进新文科建设中,学校坚持 OBE(Outcomes-based Education,基于学习产出的教育模式)理念,大力夯实基层教学组织建设,通过发挥专业教师、专业课堂、专业教学的育人主阵地、主战场作用,把课程建设作为最基础、最根本的工作。在教学中充分运用融媒体、“智能+技术”等新媒介、新方法,改变教学方法,提高授课效果,从教师“教得好”转化为学生“学得好”。将媒体融合的理念和实践植入课堂、融入培养,以学生为核心激发潜能、提升教学质量,全力打造专业“金课”,提升课程的高阶性、创新性、挑战度。坚持立德树人,大力改革专业教育体系与通识教育体系,以思政课程+课程思政的“大思政格局”引领,将价值引领与知识传授、能力培养相融合,培养具有自然认知力、阅读理解力、创新高阶力、沟通表达力、创造行动力、审美鉴赏力、协作领导力 7 大能力的高水平创新应用型人才,充分体现新文科的价值引领与人文担当。

东莞理工学院积极参与国家高等教育改革发展，积势蓄势谋势，识变应变求变，深耕新文科建设，全面增强人才培养能力、提高教育发展质量，打造中国特色应用型大学的标杆，服务“湾区都市、品质东莞”战略布局，交出理工类高校面向时代需要的新答卷。

（资料来源：东莞理工学院、凤凰网广东综合）

财政学类教指委:培养新时代财经创新人才

财政学类专业教学指导委员会以习近平新时代中国特色社会主义思想为指导,围绕国家发展远景目标以及教育目标,贯彻全国新文科建设工作会议精神和新文科宣言,聚焦财政学教育创新与变革,着眼人才培养,推进师资建设,建设品牌活动,为财政学类专业建设融入了新文科建设特色。

一、响应新文科建设要求

组织召开新文科与财政学类专业建设研讨会暨2018～2022年财政学类教指委第四次全体会议,来自国内50余所高校的财政学类教指委委员、相关高校财税学院院长、财政学类专业负责人及高等教育出版社的专家学者参加会议,站在新文科建设的时代新高度,面向专业发展的时代新要求,明确专业教育、通识教育与社会教育相结合的三层次财政学教育之路。根据高教司要求,完成"新文科建设背景下地方性财经高校财政学专业建设的问题、原因与对策建议调查研究",有力促进新文科视野下提升专业建设的效能、提高专业建设的质量,是新文科建设过程中的关键一环。

二、着眼新文科人才培养

联合集美大学举办"大变局中的宏观经济形势与财经创新人才培养高端论坛",着眼于我国经济面临的新机遇和新挑战,广泛研讨新文科建设与新时代财经创新人才培养的新特点,探索解答"培养什么"和"如何培养"的两个主要问题,结合时代与新文科建设的双重需要,结合专业实际与人才特点为定位人才、培养人才、提升素养等工作开展提出了长效路径。通过"财政学类专业课程思政建设研讨会",总结财政学类专业课程思政建设加强国情教育、强化法治意识、培养公共意识、培育人类命运共同体理念四个重点问题,充分发挥立根本、记初心、强素质作用,为新文科建设的后续推进强健根本、坚实基础，助力培养既符合新文科建设特色，也符合思想素养要求的优秀人才。

三、推进新文科师资建设

开展财政学类专业暑期师资培训，围绕财政学类专业建设中的课程思政、理论热点问题、教学研究方法等设置相关专题，聘请知名高校、科研院在相关领域有深入研究的资深教授和专家学者，对课程思政、财政学基础理论、研究热点、教育教学改革等内容进行了深入的讲授。研讨“新时代马工程重点教材建设规划”，根据新形势、新情况、新要求，就做好教材建设、发挥育人作用建言献策。举办中国财税史师资班，满足财政学类专业中国财税史骨干教师和青年教师知识更新和教学方法交流的需求，提升各学校财税史教学能力，搭建学术研讨及教学经验交流的平台。

四、建设新文科品牌活动

主办中国经济大讲堂启动仪式暨新时代经济学教育教学工作研讨会，从融合化、国际化、价值引领等方面指出文科中国化需要正视教育教学内容中国化的问题，充分展现中国学术话语的特色和优势；从建设新专业或者新方向、优化课程体系、探索新模式、实现新引领等方面明确了新文科建设的重点任务。

在教育部高教司的指导下，联合经济学类专业教指委、金融学类专业教指委、经济与贸易类专业教指委，共同完成中国经济大讲堂。大讲堂分析了中国研究领域的形势和问题，分享了各学者在有关中国经济研究中积累的经验与方法，吸引了来自全球30多个国家和地区的三万余人参与，受到了全球对中国经济学研究领域的广泛关注。

（资料来源：财政学类教指委）

新闻传播类教指委：识变应变求变，深化新闻传播类教育改革

在新文科建设的大背景下，新闻传播类教学指导委员会主动识变、应变、求变，在新时代、新变化与新要求中深入开展新闻教育改革，让“新文科”所带来的澎湃活力在新闻传播卓越人才培养的过程中涌流，形成新的发展航道。

一、注重求新，以新理念、新思想、新格局促发展

组织召开 2018～2022 新闻传播学类专业教指委第三次全体会议。来自国内 40 所高校的新闻传播学类学者齐聚一堂，共同交流经验、探讨新闻传播教育创新发展，在新理念、新思想的学习、深化与交流中，新闻传播学类的教育教学改革、人才培养模式创新等方面向新文科要求看齐，逐步形成新闻传播学类的发展“内核”，并形成新文科建设的新闻传播“向心力”。

总结 2019～2020 年教指委工作经验，融汇新思想、规划新未来，促进立德树人、协同育人等专业人才培养理念创新与实践路径交流；分析技术融合下的新闻传播教育的模式创新以及新闻教育创新的技术路径；聚焦新文科视野下新闻传播人才对内提升舆论引导能力、互联网治理水平，对外塑造中国国际形象、提升国际话语权的定位……许多新文科建设过程中的重点问题被提出、被讨论，为共同构建完善新闻传播学类的新格局做出了坚实科学的规划，让新文科建设背景下的新闻传播学类有新起步、新开局、新担当。

二、凝聚共识，强化新闻传播教育与国家战略人才培养

清华大学、华中科技大学、北京外国语大学、兰州大学四所高校的新闻传播学院联合举办“新闻传播教育与国家战略人才培养论坛”。来自教指委的主任、副主任委

员等专家和四所高校的20余位学院领导，对当前新闻传播教育服务国家战略人才的意义和举措进行了探讨。四所高校就新闻传播人才联合培养达成多项共识，将围绕卓越新闻传播2.0计划，进行教学资源共享、学生交流、研究生选拔、实践和就业方面的合作，包括强化师资交流，推动特色课程开放，共同开发课程组、教材和校际资源，共建新的教学实践基地，推动学生的深度交流，为中国新闻传播学教育提供样板，为新文科背景下新闻传播学持续深化育人、创新塑造能力提供新思路，实现立德树人高质量发展与学科建设融汇时代要求，开启新闻传播人才培养的新模式，为国家战略联合培养更多高层次的人才。

三、坚实弘扬，启动中国新闻传播大讲堂范式

在中宣部、教育部的指导下，由教育部高等学校新闻传播学类专业教学指导委员会和中国传媒大学主办，邀请了人民日报、新华社、中央广播电视总台等14家主流媒体的42位参与抗疫一线报道的新闻记者参与录制“中国新闻传播大讲堂”，生动讲述、立体展现中国新闻记者的家国情怀与专业素养。开展“中国新闻传播大讲堂”，是新时代培养优秀新闻传播人才的需要，是新文科建设的需要，是高等教育创新发展的需要，是走向世界的需要，具有历史性突破意义。

作为“司、局、校”协同推进新闻传播教育创新发展的重要举措，“中国新闻传播大讲堂”是高校新闻传播教育战线落实新文科建设工作会议精神的迅速行动、是关键抓手、是生动实践，更是一门最生动的国情大课、有温度的思政大课、高水平的专业大课。教育部支持各高校新闻传播院系把大讲堂作为新闻传播类专业的必修课，指定专人负责、纳入学分管理，同时也鼓励各高校将其作为其他专业的选修课，切实推动抗疫精神进校园、进课堂，引导广大师生深刻理解中国特色社会主义的制度优势、理论优势、道路优势，打牢思想基础、夯实思想根基。

（资料来源：新闻传播类教指委）

中国政法实务大讲堂：培养适应新时代要求的应用型复合型文科人才

中国政法实务大讲堂由中央政法委会同教育部、中央政法各单位共同创办，旨在深入贯彻落实习近平总书记关于加强法治人才培养的系列重要讲话精神，推动习近平总书记全面依法治国新理念新思想新战略进校园进课堂进头脑，培养造就又红又专的高素质法治人才，引导法学院校师生坚定不移走中国特色社会主义法治道路，为法治中国、平安中国建设贡献才智。

一、领导高度重视，细化职责分工

中共中央政治局委员、中央政法委书记郭声琨主持中央政法委员会全体会议，审议通过了《中国政法实务大讲堂工作方案》。中央政法委秘书长陈一新主持召开动员部署会，研究落实推进各项举措，力求把中国政法实务大讲堂办成精品、办出精彩。

成立中国政法实务大讲堂组委会及其办公室，组建授课讲稿评审小组，设立组委会成员单位联络员，明确了职责分工，进一步加强对大讲堂工作的组织领导。大讲堂组委会发挥牵头抓总作用，科学谋划、加强指导、统筹推动，及时协调解决大讲堂举办中遇到的重大问题。中央政法委副秘书长、组委会办公室主任景汉朝带领办公室工作人员，加强与教育部、政法各单位、法学院校和授课人员的沟通衔接，保证教学计划安排科学合理，推动落实教务工作。授课讲稿评选小组把好授课评审关，主动为授课人员当好参谋。相关法学院校发挥主体作用，认真制定大讲堂举办活动方案，做好信息发布、师生组织、安全保卫等具体服务保障工作，形成一体协同、有效分工的工作架构。

二、把握“四个注重”，加强课程建设

在课程建设方面，大讲堂作为人才培养体制机制改革创新的重要工程，授课内容与专业教学紧密结合，关注法学专业师生的热点问题，回应理论和实践上的难点问题，课程具有针对性、创新性、生动性和感染力，课程设计科学严谨。

注重政治引领。大讲堂旗帜鲜明讲政治，着力阐明法治形态背后的政治理论，阐明法治模式当中的政治领导，阐明法治道路底下的政治立场。引导师生增强“四个意识”、坚定“四个自信”、做到“两个维护”，善于运用中国特色社会主义法治理论观察、研究、解决法治中国建设中遇到的问题。

注重中国特色。大讲堂聚焦中国特色，强化中国自信，讲好中国法治成就，讲明中国法治智慧，讲清中国法治蓝图，强化法学院校师生的法治自信，帮助树立学生的理想追求。

注重实践特点。植根政法实践，紧密联系政法实务，系统深入阐释政法领域重大实践和理论问题，推动丰富和发展中国特色法学学科体系、学术体系、话语体系。

注重高校需求。提升针对性、讲究艺术性、增强互动性，把准师生思想脉搏，对接师生发展需要，紧贴法学院校需求优化授课选题，用正能量鼓舞激励学生。

中央政法委努力建立健全系列配套制度，形成各方统筹协调、密切协作的长效机制，确保大讲堂有序运转、持续发展。于此同时，大讲堂组委会办公室及时总结经验，力争把大讲堂办成精品、办出实效。大讲堂主动适应法治国家、法治政府、法治社会建设新任务新要求，主动面向新文科建设格局的新需要，力求为构建法治人才培养共同体，培养高素质法治人才发挥长效作用。

（资料来源：教育部、人民网）

附 录

大事记

2019 年 4 月 29 日，由教育部、中央政法委、科技部、工业和信息化部、财政部等联合主办的“六卓越一拔尖”计划 2.0 启动大会在天津大学召开。会议强调，要深入学习贯彻习近平新时代中国特色社会主义思想，全面贯彻落实全国教育大会精神，按照《加快推进教育现代化实施方案(2018～2022 年)》要求，全面实施“六卓越一拔尖”计划 2.0，发展新工科、新医科、新农科、新文科，打赢全面振兴本科教育攻坚战。会上，成立了新文科建设工作组。

（采自天津大学新闻网）

2019 年 8 月 20 日，由山东大学主办的“高等学校新文科建设座谈会”在山东大学威海校区举行。会上初步形成“新文科”建设共识。

（采自山东大学新闻网）

2019 年 8 月 21 日，“教育部高等学校财政学类专业教学指导委员会(2018～2022 年)第二次全体会议”在山东大学威海校区举行。

（采自山东大学新闻网）

2019 年 10 月 9 日，中央政法委、教育部联合启动“中国政法实务大讲堂”专题系列讲座。10 月 18 日，中国政法实务大讲堂首场专题讲座在北京大学开讲，最高人民检察院检察长张军以“中国特色社会主义司法制度的优越性”为主题作专题授课。

（采自高检网）

2019 年 10 月 22 日，由南方科技大学人文社会科学学院与《探索与争鸣》杂志社联合主办的“新文科之新与创新人才培养高端论坛”举行，会议就“新文科”建设发展问题展开交流。

（采自深圳新闻网）

2019 年 11 月 10 日，由山东大学和山东省高等学校教务与教学管理学会联合主办的“新文科建设高峰论坛：从理念到行动”在山东大学中心校区举行。

（采自山东大学新闻网）

2019 年 10 月 29 日，《山东大学新文科建设工作方案（2019～2021 年）》印发，是全国首个学校层面新文科建设方案。

山东大学文件

山大字〔2019〕22 号

关于印发《山东大学新文科建设工作方案（2019–2021 年）》的通知

全校各单位：

《山东大学新文科建设工作方案（2019–2021 年）》业经学校研究通过，现予以印发，请遵照执行。

山东大学

2019 年 10 月 29 日

（采自山东大学新闻网）

2019 年 12 月 28 日，由教育部高等学校民族学类本科专业教学指导委员会主办的“教育部高等学校民族学类本科专业教学指导委员会第三次全体会议暨民族学新文科建设学术研讨会”在广西民族大学召开。

（采自广西民族大学新闻网）

2020年6月17日，天津大学举行“首届中国高校法学教育创新研讨会”，发布《法学教育创新联盟成立倡议书》。在教育部高教司指导下，法学教育创新联盟正式成立。

（采自中国教育在线）

2020年7月5日，由教育部高校戏剧与影视学专业教学指导委员会、浙江师范大学联合主办的“新文科视野下戏剧影视类专业、学科与课程建设论坛”线上举行。会议围绕新文科建设背景下的戏剧影视类学科建设、专业建设与课程建设等主题展开，助力戏剧与影视学类高等教育的内涵式发展。

（采自浙江师范大学新闻网）

2020年6月18日，“新文科专业建设研讨会”在南开大学举行，会议就新文科专业建设的理念与路径、经验与举措及新时代文科人才培养模式展开研讨。

（采自南开大学新闻网）

2020年7月24日，由中国传媒大学主办的“面向未来的新文科建设线上高端论坛”线上线下同步举行。论坛以“新文科、新人文、新征程”为主题。

（采自中国传媒大学新闻网）

2020年8月24日，由教育部高等学校外国语言文学类专业教学指导委员会阿拉伯语分委员会、中国阿拉伯语教学研究会主办的“新文科建设背景下高端阿拉伯语人才培养暨阿拉伯语专业课程思政云端研讨会”线上举行。研讨会围绕新文科背景下高端阿拉伯语人才培养、阿拉伯语专业课程思政的路径、阿拉伯语国别区域人才培养、线上阿拉伯语教学等议题进行研讨。

（采自光明网）

2020年9月20日，山东大学举办的“全国新文科与外语人才培养院长论坛”云端召开。

（采自山东大学新闻网）

2020年9月20日，由教育部外指委俄语分委会、中国俄语教学研究会主办的“新文科、新指南视域下高校俄语专业教学：标准、建设与评价研讨会”在湖南师范大学外国语学院举行。

（采自《潇湘晨报》）

2020年11月3日，由教育部新文科建设工作组主办的新文科建设工作会议在山东大学（威海）召开。会议研究了新时代中国高等文科教育创新发展举措，发布了《新文科建设宣言》，对新文科建设作出了全面部署。会上，依托山东大学成立的“全国新文科教育研究中心”正式揭牌。

（采自山东大学新闻网）

2020年11月5日，在中宣部、教育部的指导下，由中国传媒大学、教育部高等学校新闻传播学类专业教学指导委员会主办的"中国新闻传播大讲堂启动仪式"在中国传媒大学举办。大讲堂主题为"来自武汉抗疫一线的报道"。

（采自中国传媒大学新闻网）

2020年11月14日，由山东大学、上海大学和高等教育出版社联合主办的"第六届世界华文创意写作大会暨2020创意写作高端论坛"在线上召开。论坛聚焦"新文科建设与中国写作学转型"。

（采自齐鲁网）

2020年11月7日，由中国人民大学哲学院、中国人民大学PPE专业委员会主办的"首届中国高校PPE专业论坛"在中国人民大学举办。论坛主题是"新时代·新文科·新融合：新形势下PPE教学培养模式的改革与创新"。

（采自中国人民大学新闻网）

2020年11月14日，"2018~2022年教育部高等学校新闻传播学类专业教学指导委员会第三次全体会议"在深圳大学召开。会议围绕"新文科建设背景下新闻传播教育创新发展"主题展开交流。

（采自中国传媒大学新闻网）

2020 年 11 月 14 日，由教育部高等学校外国语言文学类专业教学指导委员会、英语专业教学指导分委员会主办的“2020 年教育部高等学校外国语言文学类专业教学指导委员会英语专业教学指导分委员会全体会议暨全国高校外语学院院长论坛”在天津外国语大学举办。论坛主题为“贯彻落实《国标》《指南》，加强一流学科、一流专业建设”。

（采自天津外国语大学新闻网）

2020 年 11 月 14 日，由甘肃省教育厅主办的“2020 年甘肃省新文科建设研讨会”在西北师范大学召开。会上宣读《甘肃省高校新文科建设“十项行动”》，为依托西北师范大学成立的“甘肃省高校新文科建设实践与研究中心”揭牌。

（采自西北师范大学新闻网）

2020 年 11 月 21 日，由浙江大学经济学院和经济研究杂志社联合主办的“第六届中国财政学论坛”在浙江大学召开。论坛主题是“中国特色社会主义财政理论与实践创新”。

（采自浙江大学新闻网）

2020 年 11 月 22 日，由教育部高等学校戏剧与影视学类专业教学指导委员会、四川师范大学主办的“新文科语境下戏剧影视学科发展建设——教育部高等学校戏剧与影视学类专业教学指导委员会第九次会议”在四川成都召开。

（采自四川师范大学新闻网）

2020年11月26日，由高等教育出版社、南京审计大学联合主办的“新文科经管人才培养研讨会暨第二届(2020)全国高等学校经管院长本科教学联席会议”在南京审计大学线上线下同步举行，大会宣读会议成果《南审共识》。

（采自中国江苏网）

2020年11月27日，由中国高等教育学会高等财经教育分会主办的“第十一届中国高等财经教育校长论坛”在广西南宁举办。会议以“中国财经教育大变革：新机遇新挑战新使命”为主题。

（采自财智未来网）

2020年11月28日，由教育部高等教育司指导、教育部高等学校经济学类、财政学类、金融学类、经济与贸易类专业教学指导委员会联合主办的“中国经济大讲堂启动仪式暨新时代经济学教育教学工作研讨会”在中国人民大学举办。

（采自中国人民大学新闻网）

2020年12月8日，由清华大学美术学院主办的“新时代新文科：全国艺术类学科建设研讨会”在清华大学美术学院召开。研讨会以“新时代　新文科”为主题围绕如何构建具有中国特色的艺术学教育发展道路、如何搭建中国特色的文科人才培养体系、如何打造具有世界引领性的中国艺术学科新格局等问题展开研讨与交流。

（采自中国美术家协会新闻网）

2020 年 12 月 25 日，由教育部财政学类专业教学指导委员会主办的“新文科与财政学类专业建设研讨会暨 2018～2022 年财政学教指委第四次全体会议”在广州举行。

（采自广东财经大学新闻网）